中国交通运输协会邮轮游艇分会
上海海事大学亚洲邮轮学院
中国港口协会邮轮游艇码头分会

/ 编

2020—2021
CHINA CRUISE
INDUSTRY
DEVELOPMENT REPORT

2020—2021 中国邮轮发展报告

旅游教育出版社
· 北京 ·

#《2020—2021中国邮轮发展报告》编委会

中国港口协会邮轮游艇码头分会秘书处	肖罗雅
中国港口协会邮轮游艇码头分会秘书处	娄　铭
中国港口协会邮轮游艇码头分会秘书处	周　浩
中国交通运输协会邮轮游艇分会秘书长助理	郑骧宜
中国交通运输协会邮轮游艇分会秘书处副主任	冯　博
上海海事大学亚洲邮轮学院、MBA 中心副主任	王守云
上海海事大学亚洲邮轮学院硕士研究生	王　璟
上海海事大学亚洲邮轮学院硕士研究生	云晓勤
上海海事大学亚洲邮轮学院硕士研究生	张天伦
上海海事大学亚洲邮轮学院硕士研究生	王雅琳
招商局邮轮研究院	刘　臣
招商局邮轮研究院	郭　歆
招商局邮轮研究院	黄　戈
招商局邮轮研究院	姬佳慧

中国邮轮期盼安全复航

中国邮轮自2020年元月按下暂停键，已经超过20个月。

中国邮轮行业保持了零输入、零输出、零确诊的优良记录，但港航旅三大核心板块付出的代价谁知道？全国12家邮轮港口静悄悄晒太阳，中外邮轮公司亏损以日计，800多家国际旅行社暂停、人员解散。

随着疫情控制、疫苗接种、邮轮防控规程和应急预案的建立，去年下半年以来，欧美国家正在以有目的地的常规航线重启邮轮业，中国台湾、中国香港、新加坡、日本等亚洲国家或地区也正以无目的地海上游、技术停靠等形式复航，并未发现新的邮轮疫情。新加坡从2020年11月起，以向国际邮轮公司开放无目的地海上游的形式复航，至2021年7月为止已安全运营160多个航次，累计服务20万多名游客，无一例新冠病毒感染者。2021年7月，邮轮行业继续快速重启，50家邮轮公司的141艘邮轮将搭载乘客出海（占全球海洋邮轮总规模的近50%）。我国是第一个按下邮轮暂停键和最具复航条件的国家，但是还没有看到明晰的复航方案，目前最需要出台安全重启邮轮业的顶层设计，即使鉴于疫情控制的不确定性不可能有明确的复航时间表，也应当有明确的复航条件和路线图。

我们都清楚，在邻国疫情尚未得到根本控制和疫苗接种尚未达到全民免疫水准的情况下，中国母港的出境邮轮旅游不具备条件，不可能实现，但有序、安全开放海上游是否可以尽早提上议事日程？

前不久，中国交通运输协会邮轮游艇分会（CCYIA）与上海海事大学海商法研究中心邀请7名国内海商法专家研讨邮轮海上游政策。多数专家认为：根据《中华人民共和国海商法》第四条和第一百零七条，海上游不属于沿海运输。所有专家一致认为：中外资邮轮开展海上游没有法律障碍。

邮轮海上游，三个输入性风险完全可控，首先排除了来自目的地的风险，游客100%来自国内低风险地区，登船前100%完成疫苗接种和核酸检测，排除了来自游客的输入性风险；船供100%本地采购，排除冷链和落地集装箱的输入性风险；中国船员比例最大化，对国际船员实行严格的入境健康筛查和隔离流程，杜绝来自国际船员输入性风险。

如何运用中国智慧、中国经验、中国担当，有序安全重启中国邮轮业，为行业在2022年全面复苏做好准备？

中国交通运输协会邮轮游艇分会

2021年9月

融入双循环新格局，让邮轮产业发展更有韧性

2020年对于邮轮全行业而言都是极其不平凡的一年，这一年本是我国邮轮全产业发展链持续推进，迈向高质量发展阶段的关键一年。但突如其来的新冠疫情给全球邮轮产业带来了广泛冲击，也给我国邮轮产业发展带来深刻影响。2021年，新冠疫情影响仍在持续，中国邮轮产业在经过十多年的培育后也有了较为坚实的发展基础，邮轮产业也迅速步入疫情防控与推进恢复的双轨同行阶段，以内河游轮、沿海游轮和海上游航线等备受邮轮市场的期待，围绕相关产品的复航正在逐步有序地推进中。

2020年是我国构建双循环新发展格局的始起之年，构建双循环新发展新格局是基于当前中国社会经济发展新阶段和国际大环境发生剧变的特殊时期提出来的前瞻性战略。2021年则是我国“十四五”规划启动实施的开局之年，作为我国社会经济发展的整体大纲，也为我国邮轮产业发展带来了关键的战略规划指引。“新格局”叠加“新规划”，迈向新时期的邮轮产业需要新一轮转型升级，更需要行业各方积极探寻新发展之道，从而提升产业整体韧性。

不可否认，疫情的冲击使得全球和中国邮轮产业发展形势发生了巨大的变化，但可以预见的是全球邮轮业长期向好的发展态势不会改变。疫情加速了邮轮产业的持续演变升级，但基于邮轮行业进入与退出的超高壁垒，产业格局不会因为疫情的影响出现革命性转变。

我们欣喜地看到，我国邮轮业迎来了众多突破。在邮轮建造领域，我国疫情防控成效显现已久，拥有相对稳定的内外部安全环境的船厂很早便已进入复工复产阶段，首制大型豪华邮轮建造项目阶段性成果不断涌现。在邮轮运营领域，本土邮轮船队在疫情空窗阶段不断壮大，第一艘五星红旗邮轮——“招商伊敦号”现已交付并正式投入市场运营，它代表的是五星红旗邮轮参与市场竞争的开端。在产业政策方面，《海南邮轮港口中资方便旗邮轮海上游航线试点管理办法（试行）》落地实施，加速推进海上游航线的试点。主要港口城市中，上海、天津、厦门等地也在积极调整和谋划新阶段关于邮轮产业的发展，将邮轮产业发展编入区域“十四五”规划，强化邮轮产业发展动力，推进区域邮轮产业升级。

面对这些全新的突破，我们也需要更清楚地认识到处于调整阶段的中国邮轮产业依然存在着众多亟待解决的问题，如邮轮产业链在不断延伸但全产业链建设并不完善、出入境邮轮市场结构整体失衡、本土邮轮企业竞争压力巨大、邮轮分销体系建设不完善等。面对这些制约产业发展的难题，我们需要通过不断完善邮轮产业体制机制、增强邮轮科技创新能力、优化邮轮产业结构、协调区域产业定位、加快培育邮轮消费增长点、提高邮轮产业的开放与融合水平等途径来推动邮轮产业积极融入“双循环”新发展格局，从中汲取内生发展动力。期待在“双循环”新发展格局的引领下，推动邮轮产业高质量发展。

融入“双循环”新发展格局是我国邮轮产业高质量发展的必然要求，也是提升产业韧性的必由之路。面对疫情挑战与困苦，邮轮行业各方当坚定发展信心，迎难而上，未来必可以实现邮轮产业的高质量发展，中国邮轮产业发展的崭新格局也将应运而生。

徐林慧

中国港口协会邮轮游艇码头分会

价值输出，初心不变

我国邮轮行业经过十五年发展，在邮轮设计建造、邮轮运营、邮轮港口、邮轮旅游、产业配套等邮轮产业链核心环节逐步实现从“无”到“有”的量的转变，并步入质的转变阶段。2020 年突如其来的新冠疫情导致全国乃至全球邮轮市场停摆，对我国邮轮产业发展进程产生颠覆性影响，是危机，也是契机。

邮轮产业的竞争是政策的竞争、机制的竞争、市场的竞争、技术的竞争，也是人才的竞争，邮轮产业的生命力以人才的有效培养和经营管理得以维系。邮轮产业发展具有国际化的天然属性，邮轮产业发展国际化对邮轮产业发展的人才要求及其培养方式提出了挑战。回顾邮轮产业发展的教育发展历程，既是对历史的总结更是为了思考未来的发展。经过十余年发展的中国邮轮产业教育取得了一定的成绩，以上海海事大学为代表的邮轮专业院校为中国邮轮产业健康快速发展输送了大量的人才，主要聚焦在海乘等服务型人才，而我国快速发展的邮轮产业链对邮轮设计建造、邮轮港规划建造等高级技术型人才，邮轮运营管理、邮轮港运营管理等高层次的管理型人才需求缺口较大。

我国邮轮产业发展起步较晚，尚未形成成熟完善的邮轮人才体系，而新冠疫情的突然发生直接加速了我国中资邮轮品牌的发展和船队的建设，间接加剧了邮轮运营管理、邮轮市场营销等方面人才的紧缺。以上海海事大学亚洲邮轮学院为代表的邮轮人才培养机构，以助力国内邮轮行业发展为己任，不忘初心，不断思考当下及未来中国邮轮产业发展走向，持续价值输出，重视教育质量，彰显特色发展，推动中国邮轮产业向更加融合、更加多元的方向发展，具体体现：

一是邮轮教育“量”“质”同步发展。我国经济发展已经进入新时代，迈入了由高速增长阶段转向高质量发展阶段。邮轮旅游的特色是品质、休闲，在推动我国邮轮教育方面，基本原则是坚持质量第一、数量优先，创新驱动和高质量服务发展，再经过数十年的发展，世界旅游教育舞台上应该有若干“中国品牌”的旅游院校和旅游专业。

二是邮轮教育从“合作”向“融合”深入。邮轮教育的交叉性、开放性、多元性等特点决定了邮轮教育在人才培养模式上需要灵活多变，紧贴行业、深度融合是推进邮轮教育发展的迫切要求。开设邮轮专业的院校与行业企业要从原来“合作”模式逐步向“融合”深入，提高行业企业参与办学程度，使邮轮教育和邮轮产业统筹融合、良性互动。

吴先华
上海海事大学亚洲邮轮学院

目 录
CONTENTS

第一篇
行业访谈：后疫情时代邮轮旅游纵横谈

在全球新冠疫情的影响下，国际邮轮市场格局发生了重大变化，一直处于试水状态的中国本土邮轮市场迎来了发展新机遇。为深入了解后疫情时代我国邮轮产业发展实际，计划对我国邮轮产业链核心环节的单位和专家学者进行深度访谈。访谈诚挚邀请了邮轮行业组织、邮轮公司、邮轮港口、邮轮船厂、邮轮旅游企业、邮轮信息化公司等邮轮产业链核心环节的所有代表性单位，其中部分单位因故未能参与访谈，已参加访谈单位的情况详见表 1-1。

表 1-1　行业访谈板块受邀参与访谈单位基本信息

产业链环节	访谈单位	访谈对象	职位/职称
行业组织	中国交通运输协会邮轮游艇分会	宋德星	会长
	中国邮轮发展专家委员会	吴　强	主任委员
	长江旅游客运专业委员会	蒋宗金	会长
邮轮公司	嘉年华集团	陈然峰	亚洲区主席
	皇家加勒比集团	刘淄楠	全球高级副总裁、 亚洲区主席
	云顶邮轮集团	朱福明	总裁
	地中海邮轮	黄瑞玲	中国区总裁
	星旅远洋邮轮有限公司	黎　明	总经理
	中船邮轮科技发展有限公司	杨国兵	董事长、党委书记
	蓝梦邮轮公司	徐　颖	常务副总裁
	重庆市东江实业有限公司	周　琢	执行董事 总经理
	重庆长江黄金游轮有限公司	代晨林	副总经理
	重庆冠达新世纪游轮有限公司	万　焱	总经理助理

续表

产业链环节	访谈单位	访谈对象	职位/职称
邮轮港口	天津国际邮轮母港	戴　明	代总经理
	上海港国际客运中心	徐珏慧	全国人大代表、总经理
	上海吴淞口国际邮轮港发展有限公司	顾绘权	党委副书记、总经理
	广州南沙国际邮轮母港运营管理有限公司	许镇江	总经理
	厦门和平码头有限公司	王雄岩	总经理助理
	重庆港九股份有限公司客运总站	金竹江	总经理
	湖北三峡旅游集团股份有限公司	冯剑涛	副总经理
邮轮修造	招商局工业集团有限公司	胡贤甫	总经理
	华润大东船务工程有限公司	刘志勇	常务副总经理
	舟山中远海运重工有限公司	苏　宇	副总经理
	珠海泛网科技有限公司	范　道	CEO
邮轮旅游	同程旅游邮轮事业部	孙　杰	总经理
	上海乐船信息技术有限公司、上海星辰国际旅行社有限公司	刘建斌	CEO

一、行业组织

（一）中国交通运输协会邮轮游艇分会

访谈对象：宋德星　中国交通运输协会邮轮游艇分会会长

访谈内容：

第一，疫情期间协会为推动邮轮行业复工复产做的主要工作：

自 2020 年 1 月邮轮受疫情影响停航至今，邮轮游艇分会的工作也遭受重大影响，2020 年 5 月的国际游艇行业大会、11 月的中国邮轮产业大会等大型活动被迫取消；各地涉及邮轮游艇的新科研、规划任务全部取消；多家副会长单位提出无法缴纳会费，邮轮分会生存异常艰难，在此大背景下，分会咬紧牙关，迎难而上，主要做了以下工作。

一是积极主动服务会员单位。2020 年 2 月初，看到公主邮轮国际招标公告后，分会及时主动组织两家中国单位参与“钻石公主号”邮轮卫生消毒国际投标，提供信息，对接公主邮轮总部，虽然最终日本企业中标，但分会发挥了作用；2020 年 4 月，得到美国诺唯真邮轮中国船员求助信息后，分会即与邮轮船员外派公司共同联络中国驻美国休斯敦领馆、外交部领事保护中心，积极协调，希望将困在美国的200多名邮轮船员安排包机送回国内，休斯敦总领事两次登轮看望船员，送去了口罩等急需物品。虽然因外交部排期太长未能包机，但中国船员最终通过邮轮被输送回国。

二是联合组织邮轮行业应对疫情在线研讨会。2020年2月20日，分会与新华社中国经济信息社联合主办邮轮行业应对疫情在线研讨会，组织4大邮轮公司、4大邮轮港口和旅行社、专家介绍情况，分会在会上提出了消除旅客担心、恐慌是当务之急，新华社发布后新闻浏览量达到53万人次。

三是发起“邮轮安心行动”倡议。2020年3月28日，分会发出“邮轮安心行动”倡议，已经得到多家行业企业响应；4月7日，经过一个月与云顶邮轮集团共同研究《邮轮卫生防疫细则》，共同推出后新闻媒体报道327篇。

四是联合组织邮轮卫生技术在线论坛。2020年4月22日，分会与皇家加勒比游轮集团联合组织邮轮卫生技术在线论坛，安排8位有分量的演讲人，论坛在线听众超过1.5万人，让社会进一步全面了解了邮轮设施、邮轮管理体系。

五是成功召开分会第四届理事会换届会议。2020年4月28日，分会第四届理事会回顾总结了2015年1月第三届理事会组成以来的工作情况，分析当前我国邮轮游艇产业发展所面临的形势和困难，选举产生了第四届理事会领导班子，研究确定了未来五年分会工作的重点和方向。

六是组织召开邮轮船员服务在线论坛。2020年6月30日，分会在线召开国际邮轮船员服务研讨会，就疫情期间国际邮轮船员现状和服务、未来国际邮轮船员需求与供应、中国邮轮船员服务中心功能定位和运作模式等议题进行探讨交流。13位发言嘉宾介绍了邮轮船员回国、短期就业、高校新课程、船员需求等各方面的情况，一致认为分会成立“中国邮轮船员服务中心”势在必行。

七是联合召开邮轮发展政策座谈会。2020年7月21日，招商局集团交通物流事业部与邮轮游艇分会在北京联合召开邮轮发展政策研讨会。邀请交通部水运科学研究院介绍交通运输部《邮轮产业高质量发展研究报告》的主要内容，并就国际邮轮、沿海邮轮与长江游轮市场供求状况进行了深入分析；介绍了邮轮产业复工复产最新动态及有关政策建议。

八是组织邮轮企业防疫专题座谈会。2020年9月1日，中交协邮轮游艇分会会长宋德星在北京主持召开了全国邮轮航港部分会员单位防疫工作专题座谈会，交通运输部安全总监、水运局局长李天碧和水运局法规处处长姚飞、法规处干部康玮星应邀到会指导，全程听取了汇报。分会邀请了5家邮轮公司、3家邮轮港口和中船邮轮共9家会员单位领导参加这次座谈会。9月7日，分会负责人还专程拜访文化和旅游部市场管理司领导，汇报了邮轮旅游的现状和政策诉求。

九是成功举办第三届广州邮轮发展圆桌会。2020 年 10 月 22 日，分会与广州市商务局、广州南沙区政府联合在广州南沙举办“第三届广州邮轮发展圆桌会”小型座谈会，围绕“疫后华南邮轮市场展望与布局”这一主题，邀请邮轮产业链港航旅造供教各环节企业家、资深人士共同探讨广州邮轮产业与区域融合发展、广州邮轮产业链构架与培育、邮轮复航策略与路径、疫后邮轮市场变化与对应、广州及南沙邮轮营商环境与政策等主要议题。

2021 年以来，分会继续以海上游为目标全力推动海洋邮轮安全重启，主要领导多次赴邮轮企业调研、考察，召开专题座谈会、交流会，与国际邮轮协会主席对话，帮助行业与政府有效沟通，树立政府对邮轮安全的信心。

第二，我国邮轮发展现状和存在问题的思考：

现状一：邮轮港口布局。自 2006 年以来，国内兴起邮轮港口建造热潮，最新统计共有 22 个城市已建成或规划建设邮轮码头，其中天津、上海（吴淞和国客）、青岛、舟山、深圳、三亚、厦门、广州等 9 个城市已经建成 10 个邮轮专用码头；大连、烟台、连云港、海口、温州、防城港和北海 7 个城市是客货兼用码头；湛江、福州、台州、秦皇岛、南京、重庆 6 个城市发布了邮轮码头建造计划。上海、天津、广州是邮轮吞吐量前三位的港口。

现状二：邮轮运力投放。15 年来，嘉年华、皇家、地中海、云顶各大国际邮轮集团累计在中国部署 34 艘豪华邮轮，其中有 11 艘总造价 765 亿元，为中国市场定制的世界级旗舰邮轮，是中国邮轮市场的主力军。

现状三：邮轮市场规模。自 2006 年从零起步后，2007—2016 年我国邮轮旅游出入境客流量连续 10 年爆发式增长，年均增速 55%，属于快速增长期和黄金十年；2017 年开始进入优化调整期，增速仅为 8%；2018 年我国邮轮出入境旅客人数 236 万人（472 万人次），首次出现负增长；2019 年进一步下降，全国出入境邮轮旅客 200 万人（400 万人次）；2020 年 1 月，邮轮受疫情影响停航至今。

现状四：邮轮市场规模。在过去的 10 多年里，从中国港口出发的邮轮航线 95% 以上为中日韩航线，韩国萨德事件之后则主要是中日航线及少数东南亚航线，国际航线的单一性已经严重制约邮轮经济未来的发展，沿海航线、南海航线、一带一路航线更有待大力开发，这也是中国邮轮市场亟待调整、完善的方向。

现状五：长江河轮市场。长江三峡游轮是内河游轮旅游的名片，在国内最先复航，2021 年 5 月长江三峡游船共计完成客运量 15.05 万人，为 2019 年同期的 116.01%；游船平均负载率为 65.19%，较 2019 年同期下降 4.32 个百分点。2021 年 1—5 月，累计完成客运量 31.33 万人，为 2019 年同期的 80.11%。

现状六：邮轮配套服务。全国为邮轮服务的国际旅行社由十几家发展到 800 多家，但疫情后基本处于机构暂停、人员解散的状况。开展邮轮教育的国内高等院校已经发展到 110 多家，以邮轮海乘人员教育为主。

存在的问题：长期以来，我国邮轮产业顶层设计和统筹规划缺乏、过路经济明显、产业链尚未形成、本土船队力量薄弱、港口盈利乏力、造船核心技术受制于人、食品船舶用品供应零散、管理运营人才缺乏、船员地位下降、旅游产品同质化，特别是 2020 年初全球新冠疫情突然发生，“钻石公主号”等邮轮出现疫情，我国海洋邮轮至今未能复航，部分外资企业甚至有退出趋势，产业高质量发展面临多重挑战。

第三，“十四五”期间邮轮产业发展的机遇与挑战：

2017 年以来，随着由“卖方市场”向“买方市场”的转变，中国邮轮市场增速明显放缓，行业意识到需要利用这段“优化调整期”“沉淀调整期”促进我国邮轮经济从单一的邮轮旅游接待转变为全产业链构建，同时对邮轮经济进行重新规划和布局，从而实现中国邮轮市场的可持续发展。

调整期已经出现的可喜变化包括：①邮轮制造业成为制造业大国的组成部分，中船集团、招商局集团都开始实施邮轮制造战略；②招商局集团、中船集团、中旅集团、中交建集团、中国远洋海运集团等大型央企和少数民企开始购买邮轮进入运营领域，招商局集团的五星红旗游轮“招商伊敦号”率先开展沿海邮轮旅游，填补了国内空白；③虽然邮轮运力减少，但各大国际邮轮公司正在改变以往包船为主的运营模式；④内河游轮产品升级，价格首次探底回暖，市场逐步升温；⑤沿江部分城市如重庆、南京开始规划现代化邮轮港口，主要邮轮港口正在更新设施、提升服务，朝着“规范化、便捷化、高质量”目标迈进；⑥邮轮旅游服务机构不断推出形式多样的“邮轮 +”旅游系列产品。⑦高等院校邮轮教育快速发展；⑧邮轮金融出现良好开端。“十四五”期间，随着双循环国家战略的进一步实施，调整期这八个方面的变化还将继续深化、升华，机遇与挑战并存。

第四，协会下一阶段推动邮轮产业发展工作重点及思路：

一是继续以海上游为目标推动海洋邮轮安全重启；

二是协助中资邮轮解决开航前的问题及航线设计、产品设计、市场推广；

三是设立中国邮轮船员服务中心，并联合国内外相关机构，推动中国邮轮人才教育国际化；

四是继续与中国船级社、上海海事大学等共同推动中国三游（邮轮、游船、水上游乐设施）服务标准制定，启动修订并推广内河游轮星级标准。

（二）中国邮轮发展专家委员会

访谈对象：吴强　中国邮轮发展专家委员会主任委员

访谈内容：

中国邮轮经济经过 15 年的发展，已取得了长足的进步，已经走过了初级发展阶段，具备快速发展的条件，从三个维度看：

第一个维度：中国邮轮运营已经成为世界主要增长极，中国的邮轮沿海 12 个邮轮母港及码头已达到国际顶级水准，上海、天津等主要邮轮母港的邮轮运营服务供给管理正在向国际水准靠拢，逐步摸索出一套适应中国邮轮旅游健康发展的运行管理模式，为此国际主要邮轮公司嘉年华、皇家加勒比、地中海、云顶等都相应制订出在中国长期扩大邮轮业务的规划，并把近年及今后建造的主要大型邮轮投入到亚太市场，同时，国内央企中船集团、招商集团、中交建、中远海运集团、中旅集团等都陆续购置二手邮轮成立专业公司，加大开拓本土化邮轮旅游业务，在未来几年将会出现国际邮轮公司与本土化邮轮公司竞相发展的竞争局面。

第二个维度：邮轮本土化制造已经开启，中船集团 13.5 万吨大型邮轮全面开工建造，招商集团的极地邮轮已经成功交付，北欧多国海峡渡轮（准邮轮）在中国已经批量承接订单并建造，围绕着大型邮轮，海峡旅游渡轮大规模的配套产业链正快速全面形成，初步估计，在未来五年内大型邮轮及海峡旅游渡轮，本土化配套率可以达到 80% 以上，将极大地带动国内高端机电配套业及高端建筑内装业，中国造船人将摘取造船业皇冠上的这颗明珠，使我国成为真正的造船强国。

第三个维度：国家九部委专门下发支持邮轮经济发展的文件，同时，工信部、文旅部等在“十四五”规划及中长期发展规划中，将邮轮旅游、邮轮制造作为重要的发展方向，这将有力地指导和推动邮轮经济的健康发展。各主要沿海城市，都将邮轮经济作为高质量发展抓手，并出台相关支持措施。但同时我们也应清楚地看到，中国邮轮经济还处于由初级转向快速发展的阶段，近几年重点还是抓住本土化制造及通过合作开展邮轮营运，特别是国内多家企业，过度集中购置二手邮轮，超前进入邮轮营运步伐过急，对大型邮轮营运，我们还处于学习阶段，过快过急过于分散进入邮轮营运，加之新冠疫情深度影响，恐会造成各企业严重亏损，不利于行业健康发展。目前应该集中力量，重点突破大型邮轮总装建造及配套链建设，经过五至十年，逐渐建立起中国邮轮制造的体系标准，建立起自主设计、总装建造、内装工艺、过程管理控制、配套链供给管理、安全防护等运行体系。建议几家央企能够整合资源，联合组建成一家邮轮营运公司，避免低水平、低效率、分散地与国际大公司竞争。

邮轮旅游受新冠疫情的冲击是巨大的，是一个重灾区，但是一定要把对疫情的管控不当与邮轮旅游本身具备的防控安全性区分开来，不能谈邮色变，从技术上讲，在充分制定预案和增强邮轮自身技术后，邮轮是可以做到安全出行的，即便出现邮轮疫情，邮轮上也可以做到组织防护，从而控制疫情不在邮轮上蔓延，邮轮相对于其他交通旅游形式，更便于做到严格分区隔离防护管控。

中国邮轮发展专家委员会下一阶段工作，将围绕以下几个方向开展：一是按照国家"十四五"规划要求，继续协助有关部委完善邮轮发展政策；二是联合中国船级社、上海海事大学、中国优质农产品协会邮轮产品分会等机构，有计划、有步骤地制定以邮轮服务为重点的团体标准；三是联合国内外相关机构，推动中国邮轮人才教育国际化；四是协助有关部门逐步建立中国邮轮制造业配套供应链体系；五是协助有关部门逐步建立中国邮轮酒店用品采购供应平台。

（三）长江旅游客运专业委员会

访谈对象：蒋宗金　长江旅游客运专业委员会会长

访谈内容：

长江内河游轮企业受疫情影响较大，所受冲击和遭受的损失非常大。2020 年，长江游轮市场恢复占有率不到 30%，长江游轮公司全线亏损。

2020 年，长江游轮市场问题分析。一是经营问题，长江游轮旅游企业遭受重创，但社会担当同样很重，经营成本没有减少，得到国家和地方的行业政策支持微乎其微，游轮企业全部处于持续亏损状态，长江内河游轮市场恢复量未达到 2019 年同期的 30%，本行业迫切需要国家和地方政府、行业主管部门的大力支持和高度重视。二是安全问题，首先，我国社会各层面对长江游轮行业认知不够，对行业特点和优势知之不多，长江游轮的安全性、舒适性未被各个层面所掌握，导致 2020 年长期无法复航；其次我国文旅部门强调海洋邮轮发展，但对内河游轮旅游鲜少涉及，而国家交通部门将长江游轮定位为运输业，主要用交通模式来管理长江游轮，长江游轮旅游码头规划建设滞后，与游轮旅游发展不配套，在对码头的认识和定位上没考虑到游轮码头是公益性和旅游性质的基础设施工程，导致长江游轮码头基础设施长期落后。三是销售问题，长江游轮船票与高铁票不同，其价格、服务、包装等都不同。四是绿色发展问题，主管部门强调零排放，但港口的生活污水回收设施没有到位，船舶要支付第三方接受生活污水的高额费用。码头收取的游轮接用岸电使用的综合服务费有增无减，如果将岸电经营和管理交给港口，港口投资主体基于港口盈利最大化将对进港船舶收取更高服务费，游轮支付岸电成本比柴油发电成本还高，绿色发展将会被扭曲。因此，建议岸电的建设和经营主体为国家电网部门，不能让有些相关单位得到更多的利益，游轮公司反而成为经营成本不断增加的困难群体。希望国家政策支持和复制绿色发展，国家主导或调控相关费用收取标准。

2021 年，长江游轮市场发展趋势。一是整体层面，促进长江内河游轮发展的机遇和优势较多，后疫情时代国内经济稳步恢复，全球经济逐步复苏。二是旅游消费层面，2021 年 4 月开始，在疫情基本得到控制的大前提下，内河游轮旅游发展的势头强劲。三是政策层面，国家及地方政府出台了一系列政策，支持旅游经济的发展，鼓励旅游消费，例如带薪休假政策的实施，但疫情的不确定性将导致政策的不确定性，而政策的不确定性进而引起旅游市场的不确定性。四是市场机遇层面，海洋邮轮处于尚未复航状态，原海洋邮轮销售商、旅行社等将海洋邮轮经验带进长江三峡游轮，长江游轮产品升级趋势明显，同时国内中高端消费者开始关注长江河轮旅游，长江内河游轮市场将迎来新一轮发展机遇。

2021 年，长江内河游轮新动向。一是长江游轮公司在疫情期间，持续性亏损，整个行业积极作为，力图重整长江三峡游轮市场。二是长江三峡游轮旅游打造多元化产品，除了传统的长江三峡旅游线路，增加了万州到茅坪、奉节到茅坪、重庆到万州等精品短线，美维游轮、冠达游轮、长江海外及扬子江公司等积极推进“重庆—上海”长线，开发长江中下游产品。三是海洋邮轮和内河游轮共同推进江海联运合作，包括海洋邮轮旅游企业转向内河游轮市场发展的市场联动、内河游轮企业收购海洋邮轮进军国际邮轮旅游的产品联动。四是追求创新，推进高质量发展将会是整个行业发展的主旋律。五是长江内河游轮市场预判，长江旅游客运专业专委会预判 2021 年长江内河游轮市场规模将有望达到 2019 年的 50%~70%。

二、邮轮公司

（一）嘉年华集团

访谈对象：陈然峰 嘉年华集团亚洲区主席

访谈内容：

2020 年新冠疫情的暴发为邮轮市场带来了一系列问题，为此嘉年华集团在去年做出了一列思考并采取相应举措，以适应这一突如其来的变化给邮轮市场带来的冲击。一是乘客与船员的回家问题。疫情影响使得邮轮的停靠成了一个难题，众多乘客与船员随着邮轮来回辗转周折了一个月甚至更长时间。为了使乘客与成员能够安全快捷地回到家中，邮轮公司采取了各种办法，付出了巨大努力。二是邮轮公共卫生安全环境的改善问题。邮轮业停摆以后，公司立刻着手开始进行各种与此相关的研究和调研，希望能够在各方努力下制定出一套合理的防疫安全措施，确保邮轮的安全性。其举措包括对船员行迹的加强管理、以扫码点餐取代自助餐形式、控制娱乐设施内的人员密集度、加强物料的检疫检测等。三是资金流动性问题。邮轮本身就是一个重资产行业，其单船造价往往达到几亿、十几亿美金，同时其运营成本也非常高。因此，资金流动成了邮轮公司需解决的重要问题，各个邮轮公司通过一系列举措，如举债发行股票、减少新船订单、出售或报废船龄较长的邮轮等，试图在增加融资渠道的同时减少不必要的开支，维系公司运营。

随着国内疫情形势的好转，邮轮复航成了运营国内邮轮市场的邮轮公司关注的问题，中船嘉年华认为中国的邮轮复航需要循序渐进。在正式复航之前，各家邮轮公司还有不少切实的问题仍待解决。一是船员问题，现代邮轮的船员往往来自世界各地，而高级船员的合同期一般为 4 至 5 个月，普通船员一般为 8 个月，到期后便需要在港口进行船员的交换，但当前的国际疫情形势以及各国的疫情防控政策使得邮轮的船员的来源与交换成了问题。一方面众多邮轮船员的主要来源国家疫情仍未得到有效控制；另一方面无论是在国内母港还是中转港、目的地港进行船员交换，都面临着长时间隔离带来的诸多问题。二是运营成本问题，对于邮轮公司来说乘客船员的隔离、邮轮客座率的限制、防疫措施与设施的采用等，都意味着邮轮的运营成本大幅上升，如何在这种情况下保证盈利，对于各家邮轮公司来说都是巨大的挑战。三是海上游、沿海游等邮轮旅游产品仍然需要在市场、防疫防控、政策三方面共同寻求突破。

自 2006 年以来，中国邮轮市场经历了快速增长到市场调整期，对于中国的邮轮市场，嘉年华集团认为在看到其快速增长的同时，更应当关注到其背后整个邮轮市场的健康发展与邮轮市场的培育问题。尽管当前中国邮轮的大量部署使得其成了位居世界前列的邮轮市场，但其背后的分销渠道、邮轮产品在中国的受欢迎度、邮轮文化的接受程度等方面，都还有大量工作可以开展。仅仅关注邮轮供给侧的提升，而不注重需求端的培育，一旦受到类似新冠疫情或全球市场调整时，邮轮被调离中国市场，将会造成市场的不可持续。嘉年华集团希望能够在未来深耕中国的邮轮市场，从需求侧出发解决一系列切实的问题：一是普及邮轮文化，使得消费者真正理解邮轮带来的丰富体验；二是改进销售渠道，在开发新分销渠道的同时，改善直销渠道；三是创新邮轮产品，使其能够真正满足中国消费者需求。

在中外资邮轮公司的关系上，嘉年华集团从促进邮轮经济发展角度出发进行思考。首先，中资邮轮的成功与外资邮轮的成功两者不是割裂的，中资邮轮目前的发展仍未完全脱离外资，前者的成功也是后者的成功。其次，外资邮轮公司在中国一般只涉及市场营销部分，其设计建造、产品规划、海事运营等仍集中在国外，对于中国邮轮产业的发展和社会的整体贡献是有限的；对中国社会经济贡献更大的邮轮建造及其相关产业链、邮轮全生态链的建立，重任则更多落在中资邮轮公司的肩上。

（二）皇家加勒比游轮

访谈对象：刘淄楠 皇家加勒比集团全球高级副总裁、亚洲区主席

访谈内容：

因新冠大流行蒙受重创的国际邮轮业正在全球复苏，并可望于明年第一季度回归健康发展的轨道。皇家加勒比集团船队已有三分之二的船舶恢复运营，四分之三的船员已经回船或接到上岗通知。中国邮轮业何时复苏、继续成长和再续疫情暴发前黄金发展期的辉煌，需要明确的复航路线图，更为重要的是需要正确把握中国邮轮业未来的发展方向和路径。关于如何看待国际邮轮产业在以内循环为主的中国经济新发展格局中的地位和作用，业内存在误区和需要厘清的理论问题。有人认为，国际邮轮是外循环，国际邮轮公司的产出和收益“溢出”，游客的消费主要在境外，邮轮是“过路经济”，衍生效应不明显，对中国的经济贡献有限。作为中国邮轮业的领导品牌，皇家加勒比见证、参与和推动了行业从无到有的成长，愿与行业同仁分享我们对邮轮市场发展之道的看法。

1. 国际邮轮经济是以内循环为主的双循环

高度国际化的邮轮产业是与以内循环为主的新发展格局完美融合的。表面上看，国际邮轮是外贸，是旅游服务的进口。大多数进口行业的生产经营活动是在出口国发生的，但是邮轮服务的进口不同，相当一部分的生产经营活动在进口国发生。当国际邮轮公司在一个国家部署母港轮航线，并形成显著市场规模的时候，与邮轮有关的制造群落、经营群落、服务群落和消费群落就会在这个国家应运而生，与邮轮直接和间接相关的产业形成邮轮经济圈，产生对这个国家直接和间接的经济贡献。人们很容易看到国际邮轮公司船票收入和船上二次收入的“溢出”，但却容易忽视国际邮轮公司在母港所在国家的投入。邮轮是高投入和高产出的行业，没有投入，何来产出？国际邮轮产业在本地生产要素市场（包括资本、技术和人才）和产品市场上（船舶部署、航线建设和目的地开发）的投入驱动内需（国内游客）和外需（入境国际游客），拉动邮轮产业链的内循环和外循环。

作为全球最大的邮轮市场，美国是以内需为主要驱动力和内循环为主的双循环。根据国际邮轮产业协会的数据（CLIA, The Economic Contribution of the International Cruise Industry to the US in 2019），2019 年从美国港口登船乘坐国际邮轮的游客人数为 1400 万人次，其中约 70% 来自美国本土，30% 来自世界其他国家和地区。美国是以内需为主的邮轮市场，邮轮行业创造内需和外需，邮轮的内需和外需带动两方面的开支和花费。一是邮轮公司总部和船舶需要从一系列供应商那里采购物品和服务并支付员工和船员的薪酬和税收所发生的开支；二是游客和船员的消费，两者构成对美国经济直接经济贡献总量达 251.4 亿美元（约 1634.1 亿元人民币），创造直接就业 17.8 万人，其中 80% 源

自邮轮公司总部业务、船供、港口费收和邮轮公司直接支付的工资薪酬等，20% 源自游客和船员在登船前和下船后在交通、酒店、购物、餐饮和旅游休闲方面的消费。直接贡献不仅涉及邮轮核心部门包括港口、地面交通和航空，而且遍及农业、采矿业、建筑业、公共服务、制造业、零售批发、信息服务、金融保险、政府服务等。这些与邮轮直接相关的供应商和服务商有各自的供应商和服务商，所以在与其直接相关的国民经济部门和行业产生进一步的经济活动，产生收入和就业。加总邮轮行业的直接和间接贡献，国际邮轮行业每年对美国的总体经济贡献为 554.6 亿美元（约 3604.9 亿元人民币），创造就业机会 43.7 万人。这些在轮需求驱动下在国民经济各部门发生的直接和间接经济活动，就是我们所说的邮轮经济产业链的内循环。

欧洲是全球第二大邮轮区域市场，也是以内需为主要驱动力和内循环为主的邮轮经济。根据国际邮轮产业协会的数据（CLIA, Contribution of Cruise Tourism to the Economies of Europe 2017），每年从欧洲港口出发的国际航线的游客人数为 650 万人次，约 70% 为来自欧洲各国，30% 来自欧洲以外的国家和地区。国际邮轮产业对欧洲的直接经济贡献为 197.0 亿欧元（约 1497.2 亿元人民币），50% 源自总部经济、船供经济和港口经济，29% 源自船舶制造与维修，21% 源自游客和船员的消费。直接产业链带动间接产业链，游轮业对欧洲的总体经济贡献为 479.0 亿欧元（约 3640.4 亿元人民币），创造就业机 40.4 万个。

比较欧美邮轮经济的异同是富有启示的。欧美邮轮经济的共同点是游客和船员的消费只占直接经济贡献的 20%，说明仅用消费经济的规模来评估邮轮经济贡献的大小，由此断言邮轮是“过路经济”是一叶障目。除了消费经济，邮轮经济的重头包括总部经济、船供经济和港口经济等。

欧美邮轮经济的差异是，虽然欧洲邮轮市场的规模只有美国的一半，但是欧洲邮轮经济的体量与美国邮轮经济的体量持平。主要原因有两方面，第一，邮轮建造一直是欧洲人的天下，国际邮轮公司在美国部署和运营的船舶也是在欧洲船厂订造的，对美国来说是外循环或“溢出效应”，而国际邮轮公司在欧洲国际航线上部署船舶的建造则是对欧洲经济的贡献，是内循环。第二，从欧洲出发的国际航线大多在欧洲境内，所以游客和船员在起始港和访问港的消费均记入对欧洲的经济贡献。邮轮产业链包括制造群落（建造和维修）、经营群落（总部经济）、服务群落（港口、航道、船供、物流、金融和其他服务）和消费群落（零售、旅行社、酒店、交通、娱乐休闲设施和服务），邮轮对一个国家和地区的贡献度取决于上述群落在多大程度上落在这个国家或地区的边界之内。

2019 年，中国母港邮轮市场的规模接近 200 万人次，在中国母港登船的游客 95% 来自国内，5% 为入境的海外国际游客，因此中国邮轮市场也主要是内需驱动。根据国际邮轮公司的经营数据，2019 年邮轮对中国的直接经济贡献为 140 亿元人民币，其中船供、港务税费和船舶维修占 27.1%，总部经济占 39.8%，游客和船员消费占 33.1%，总体经济贡献为 358 亿元人民币，源自以下与邮轮直接和间接相关的行业，包括农业（10.9%）、制造业（34.6%）、金融和服务（18.4%）、批发和零售（12.4%）、其他和政府服务（15.3%）等。虽然中国邮轮市场规模仅为美国的 14% 或欧洲的 30%，中国邮轮经济体量只有美国或欧洲的 10% 左右，但邮轮产业链的各大群落包括修造船、经营、服务、消费已在中国形成。像欧洲一样，中国已具备高质量发展邮轮经济的潜在空间。

国际邮轮产业在黄金发展期的贡献是不仅打开了中国邮轮市场，而且推动了邮轮产业链在中国的培植。

2. 中国邮轮市场和经济高质量发展前景的研判

2018 年，交通运输部、国家发改委等十部委在《关于促进我国邮轮经济发展的若干意见》中提出，至 2035 年中国邮轮旅客年运输量要达到 1400 万人次。也就是说，要用 15 年的时间将中国游轮市场做大到美国游轮市场在 2019 年的规模或欧洲邮轮市场在 2017 年规模的两倍。实现这个雄心勃勃的目标，意味着中国邮轮市场在未来三个五年计划期内必须以每年 18% 的速度增长。在过去三个五年计划期内中国邮轮市场的年平均增速为 52%，以历史增速的 1/3 增长似乎并不是一个完全不可实现的目标。

根据欧美邮轮经济成熟国家的发展经验，邮轮经济的高质量发展有两大驱动力，一是市场规模的扩张，二是邮轮经济结构的优化。邮轮经济的源泉是游客，在邮轮经济结构不变的情况下，邮轮经济与市场规模成正比。要做大邮轮经济，就必须做大邮轮市场。同时，邮轮对区域或国家的经济贡献度还与邮轮经济的结构有密切关系。从前文的分析可见，欧洲邮轮市场规模只有美国的一半，但由于邮轮经济的结构不同，前者的邮轮经济规模却能与后者比肩，说明邮轮经济结构的优化可以达到事半功倍的效果。

优化邮轮经济结构的举措，包括产业链向上延伸，发展本土邮轮建造和维修；吸引国内外优质邮轮企业在母港城市建立和拓展总部经济；加大邮轮食品和其他物品的本地采购比重；通过扩大入境国际游客在母港的登船比例、放宽航线政策开辟多港挂靠航线、开发国际邮轮旅游度假区等多项举措提升游客和船员在母港和国内访问港的消费。很显然，邮轮经济结构的优化需要开放的国际大环境和相关政策支持，特别是更为开放的航线政策。

上海社会科学院《邮轮对中国的经济贡献》研究报告中的仿真数据分析表明，在市场规模扩张和邮轮经济结构优化的双核驱动下，至 2035 年国际邮轮对中国的总体经济贡献将达到 5317.0 亿元人民币，直接和间接就业达到 46.2 万人，54% 的经济贡献来自总部经济、船供、港口和薪酬，32% 来自游客和船员的消费，15% 来自船舶建造和维修。

3. 中国邮轮业继续发展需要优质资本、技术和人才的集聚

很多人认为，中国在短短的十几年里一跃成为全球第二大邮轮客源市场是人口众多、人均收入不断提高的必然结果，是理所当然的，但人口条件和收入水平并不是一个国家能够做大邮轮市场的充分必要条件。日本有长达 33 889 公里的海岸线、丰富的海外目的地资源，是全球排名第 10 的人大口国，2019 年人均 GDP 为中国的 4 倍，邮轮市场发展起步比中国早 20 年，但其邮轮市场的规模仅为中国的十分之一。

国际邮轮在中国是改革开放的产物，没有中央政府引进外资的政策、没有地方政府对港口基础设施的大力投资，中国不会成为国际邮轮资本在亚太地区的投资门户，上海等中国母港城市不会出现国际邮轮各大头部企业的集聚。邮轮是舶来品，供给创造需求。从皇家加勒比市场开发的切身体会来看，没有高质量的市场供给侧去适应、引领和创造新需求，不可能突破低市场渗透率的瓶颈并引爆中国市场的爆发式成长，邮轮度假的概念不会进入广大消费者的视线，邮轮经济不会吸引政府、媒体和专家学者的眼球，邮轮制造业不会引起央企的重视，邮轮产业链不会应运而生。经营环境和高质量的市场供给是中国邮轮市场的两大成功要素。

中国邮轮市场和经济在未来的成长仍然需要开放的国际大环境。一方面，国际邮轮公司占中国邮轮行业总运力的 80%，总资本投入的 90%，在相当长的一段时间内，国际邮轮公司是中国邮轮行业发展不可或缺的力量。另一方面，本土邮轮企业只有在国际竞争的环境中才能成长壮大为有实力的国际邮轮公司。

中外资邮轮公司的关系不是对立的。中国母港国际邮轮的平均体量区间为 11.4 万 ~23.7 万总吨，本土邮轮的体量区间为 2.4 万 ~8.5 万总吨，前者是超大邮轮市场，后者是中小邮轮市场，两者是没有直接竞争关系的市场板块，有各自的目标客户和产品差异化空间。新近入市的本土邮轮公司的主要挑战不是国际邮轮公司，而是对产品定位、营销渠道、品牌建树和商业模式的摸索。事实上，国际邮轮通过合资企业、人才输出和商业模式的分享助推了本土邮轮的崛起和成长。国际邮轮在华持续十几年的市场投入具有显著的外部效应，帮助培育了消费者对邮轮度假理念的认知和对邮轮产品的品位，令所有市场主体受益。

需要指出的是，把邮轮公司区分为中外资的两分法是对国际邮轮行业结构过于简化的处理。邮轮公司按资本结构、船旗国和公司注册地的不同组合可以分成十几种不同的公司形态，纯粹的本国邮轮公司，即资本 100% 为本国机构和公民拥有、船舶悬挂本国国旗、同时在本国注册公司的邮轮企业是罕见的。在国际邮轮行业，绝大多数邮轮公司选择离岸注册和悬挂方便旗，中资非五星红旗邮轮和在华运营的国际邮轮公司基本属于这种形态，反映了邮轮行业高度国际化的特征和经济规律。邮轮公司对地方经济的贡献与其资本结构无关，而与其业务规模和结构有关，这就是为何各国政府一旦放宽航线政策，适用于所有外国籍邮轮公司，不会区分是本国还是他国资本。

中国可能具有比欧美更具潜力和规模的客源市场，但中国邮轮行业的外部环境和自然条件也比欧美更具有挑战。首先，与15年前相比，中国消费者有了更多的度假选择，邮轮能否保持过去对消费者的吸引力是邮轮公司需要考虑和解决的问题。第二，中国游客对邮轮产品仍处于尝鲜打卡阶段，邮轮复购率不足20%，邮轮市场要取得长足的进步需要邮轮文化的普及。第三，中国邮轮市场的发展受到目的地资源禀赋的限制，但目的地多样化的问题不是一个易于解决的问题。第四，在过去15年里，地缘政治事件对邮轮航线冲击的频率几乎是每2~3年发生一次。

中国邮轮市场的发展需要一批资本、技术和专业力量雄厚的市场供给主体，具有高度的抗噪性和风险应变能力去应对外部的挑战，具备卓越的产品创新精神去适应、创造和引领市场需求。国际邮轮是一个有足够竞争性的行业，由此可以保障服务水准和消费者的利益。同时由于资本和技术壁垒高，又不是一个过度竞争的行业，从而确保这个高风险行业有足够的资本回报并具备足够的技术进步的动因和能力。换言之，国际邮轮作为度假产业已经在过去半个世纪里建立起了一套良性的市场机制，政府的作用除了监管安全和环保，就是为市场机制的正常运作创造和维护一个公正、透明和赋能的营商环境。

综上所述，中国邮轮行业能否在疫后复苏和再续辉煌，能否步入高质量发展轨道，能否抓住五千亿元重大市场机遇，与欧美邮轮市场和经济三足鼎立，在于行业和政策制定者的视野和作为。

（三）云顶邮轮

访谈对象：朱福明　云顶邮轮集团总裁

访谈内容：

新冠疫情对于邮轮行业的影响非常大，云顶集团也受到了疫情的巨大冲击，自2020年年初疫情发生至今，取消了近200个航次。疫情影响下的邮轮行业，引发了公众对于邮轮出游安全的高度关注，打破游客对邮轮出游不安全的认知是现阶段亟待解决的问题。

云顶集团在过去近26年时间里积累了很多经验，也建立了一套比较完整的应对突发公共卫生事件的应急机制，疫情期间在公共卫生事件应急措施上做了很多工作。2020年4月，云顶集团率先发布并共享了业界第一套邮轮防疫指南，内容涵盖了邮轮运营八大范畴、440多条防疫细则；2020年5月，云顶集团受新加坡政府邀请，派遣旗下丽星邮轮“双子星号”和“宝瓶星号”两艘邮轮赴新加坡，作为当地康复的外籍劳工海上临时宿舍，历时五个多月，共接待了近九万名劳工，保持了零疫情纪录；2020 年 7 月，云顶集团旗下星梦邮轮“探索梦号”率先在中国台湾复航，开辟以基隆港为母港的跳岛游航线，是亚洲第一条复航的邮轮航线，具有里程碑意义；2020 年 11 月，星梦邮轮“云顶梦号”在新加坡率先复航。复航邮轮在运营期间实现了零感染、零爆发、零疫情业绩。现已成功复航的邮轮经验表明，邮轮公司和游客、邮轮公司和政府之间相互配合，严格按照防疫标准实施，邮轮复航是安全的，邮轮防疫是可控的。

疫情期间，中资邮轮快速进入中国市场，对国内邮轮市场格局产生了重大影响，未来将陆续有更多的中资邮轮进入市场。首先，中资邮轮进入中国市场时要清晰品牌定位和服务理念，与国际邮轮互相借鉴、互相学习各自经验，客源互补，避免不必要的恶性竞争，逐步建立中国邮轮的知名度；其次，引导市场对不同的邮轮品牌形成不同的认知，中资邮轮公司刚进入中国市场时要清晰品牌定位和服务理念，打造差异性的产品，引导中国邮轮市场朝着健康的方向发展。邮轮旅游长期向好的趋势不会变，疫情过后，中国庞大的市场或者需求量会迎来爆发性的增长，需要业界各方共同努力，为中国邮轮市场提供一个好的复航机制。

云顶集团对中国市场的邮轮规划布局没有改变，将继续巩固和扩大集团在大中华地区的营运。一是重点布局大湾区，云顶集团自 2019 年开始积极探索大湾游概念，率先展开了广州及香港双母港的运营，未来将继续把大湾区作为集团业务布局的重点；二是计划拓展海南自贸区市场，2020 年海南自贸区规划中对邮轮产业有了比较明确的指引，云顶集团计划拓展海南三亚旅游市场；三是旗舰邮轮“环球梦号”布局中国，2022 年计划将云顶集团旗下首艘超 9000 人的超大型豪华邮轮布局天津和上海两大邮轮母港运营。从集团长远布局考虑，云顶集团将逐步投放更多邮轮在亚洲市场，并将不同定位的邮轮品牌布局在不同的邮轮港口运营，其中星梦邮轮品牌以亚洲一线邮轮母港进行运营，国内邮轮母港包括天津、上海、广州和深圳和香港；丽星品牌以亚洲二线邮轮港口进行运营，如国内市场主要布局三亚、厦门、舟山、青岛等二线邮轮港口。

邮轮旅游是实现美好生活愿望的典型的旅游方式。“十四五”期间，云顶集团为实现美好生活的愿望，将为邮轮复航做积极准备，同时为中国市场邮轮复航发展提供建议思路：一是，依托中国抗疫的卓越成果，以探索海上内循环航线作为起点，采用公海游的形式，逐步化冻市场；二是，待积累充足经验后，结合大湾区示范带头作用，开放中国内地和中国香港邮轮母港联动发展的特色大湾游航线；三是，逐步突破、开放国内多点挂靠政策，开辟国内多点挂靠邮轮航线；四是，将业内心声传递给政府部门，逐步开放国际邮轮航线的复航。

（四）地中海邮轮

访谈对象：黄瑞玲　地中海邮轮中国区总裁

访谈内容：

地中海邮轮作为全球知名邮轮品牌，面对突如其来的新冠疫情，迅速反应并率先在中国市场暂停了运营。疫情初期，地中海邮轮主要采取四个有效举措履行其社会责任：一是在疫情初期快速升级船上防疫等级并制定早发现早报告早隔离的应急措施；二是春节期间主动为乘客提供免费的退改票保障；三是地中海邮轮通过地中海基金会在欧洲紧急采购 10 万支欧标的医用口罩提供给湖北抗疫一线的工作人员；四是为解决船员归宿问题，地中海邮轮通过包机方式将各国船员安全遣返。虽然地中海邮轮疫情防控措施较为及时有效，但新冠疫情对地中海邮轮和整个邮轮行业造成的影响巨大，同时因钻石公主号邮轮病毒感染事件导致公众与媒体对邮轮旅游安全性产生怀疑，各地政府对邮轮复航考虑较为慎重，因此邮轮行业的复航期较为漫长。

在前期疫情防控基础上，地中海邮轮不断提升管控要求，组建蓝丝带医疗专家团队，制定高标准邮轮防疫指南，补齐邮轮安全方面尤其是其在面对呼吸系统传染病扩散时方面的短板，打造全方位邮轮防疫安全环境，同时开展船员新冠疫苗接种项目，积极开展复航前期的准备工作。全新健康安全规程推行“5 个 100”方案：涉及行前全员新冠病毒核酸检测、船上消毒清洁措施、新风系统装置、岸上游防疫措施、游客定位追踪五大方面。地中海邮轮严格执行安全防疫规程，自 2020 年 8 月率先在地中海水域复航以来，实现零感染纪录。由此，地中海邮轮对中国市场的复航充满信心。

瞄准疫情带来的时机，中国市场不断新生中资邮轮公司，扩大中资邮轮船队，对于中国邮轮市场格局的变化，地中海邮轮认为有四点思考：其一中资邮轮队伍的扩大证明邮轮运营商对中国邮轮市场充满信心；其二央企的进入能够扩大整个行业的声量，与政府决策层进行深层次、全面汇报与沟通，争取更多支持与帮助；其三中资邮轮的壮大使得市场供给更多样化，满足市场对产品的多层次需求；其四中外资邮轮共生发展、细分市场及产品，能够吸引更多潜在消费者，扩大消费群体。在中国“双循环”发展战略的大环境下，未来中外资邮轮应该形成一种共荣共赢的新格局。地中海邮轮仍然保持初心，对于中国市场的战略布局不受中国市场格局的变化而变化。邮轮布局方面，2022 年“华彩号”将入驻中国市场与“荣耀号”一起运营，实现双旗舰布局的策略；内部管理方面，地中海邮轮在中国市场新增业务板块，进军电商领域，经营邮轮品牌线上直营店，进行数字化营销，与旅游业形成高频低频业务组合，提升乘客岸上游期间购物与观光体验；团队能力方面，地中海邮轮利用疫情的空窗期投入学习和沉淀，提高自身能力；船员来源方面，因东南亚疫情的全面爆发导致全球船员短缺，地中海邮轮建议聘用中国船员弥补岗位空缺，积极协调中国船员完成疫苗接种，随后将其派往海外邮轮进行服务，该想法得到中国市场的欢迎与好评。

十四五期间中国邮轮市场发展前景较为可观，地中海计划做好“两手抓”工作，即一手抓防疫一手抓经济建设；在取得政治突破的前提下，地中海邮轮建议中国市场以海上游或公海游为主进行邮轮运营，把握当下时机，为未来中国邮轮市场的发展奠定基础。

（五）星旅远洋邮轮

访谈对象：黎明　星旅远洋邮轮总经理

访谈内容：

中国旅游集团旗下两家中资邮轮公司分别拥有“鼓浪屿号”和“南海之梦号”两艘邮轮，其中星旅远洋作为初创的中资邮轮公司受到新冠疫情的冲击较大，主要受到两方面的实际影响。经营管理层面，停航期间，业务无法正常开展经营的情况下，公司仍需承担邮轮运维保障以及其他刚性成本，对于单船公司而言，高昂的成本造成巨大的财务压力；发展战略层面，新冠疫情打乱了公司既定发展战略的步调和节奏。在国内疫情防控常态化的趋势下，星旅远洋以及其他本土单船邮轮公司面临的关键性问题在于如何顺利熬过疫情寒冬。星旅远洋为应对新冠肺炎采取了一系列疫情防控措施，主要集中在三个方面：一是在疫情爆发初期制定并实施相关应急预案，及时停航，妥善开展退票业务，做好旅客安抚工作；二是基于组织管理，从硬件和软件两个方面积极开展邮轮疫情防控工作，星旅远洋从钻石公主号病毒感染事件中总结了经验教训，对鼓浪屿号邮轮进行防疫设施的升级改造和常态化防疫流程的优化，如定期组织消毒消杀，坚持测温、开展核酸检测，限制中高风险地区访客登船等；三是在国内新冠疫苗注射普及以后，积极组织引导船员和岸基员工接种疫苗，截至 2021 年 10 月，中旅邮轮旗下两条船两个公司的接种率已基本达到 100%。

得益于海南自由贸易港政策红利和内循环出境游市场回流，现阶段已恢复西沙航线的“南海之梦”邮轮市场反响良好，运营期间“南海之梦”邮轮严格按照疫情防控要求进行操作，一直保持着零感染纪录。星旅远洋公司已获得了国内首张海南海上游航线经营许可证，正积极筹备“鼓浪屿号”的复航工作，“鼓浪屿号”邮轮的海上游复航项目正等待批复，其筹备工作主要包括对船舶防疫系统的硬件升级、改用中国籍船员并要求接种疫苗以及对邮轮产品类型的调整等。

十四五期间，星旅远洋计划在“鼓浪屿号”邮轮复航后，打造特色化海上游产品，并将根据未来航线实施的实际情况，立足于我国内循环，不忘发展邮轮的初心和使命，结合船型吨位特点，针对不同的客群打造符合中国市场需求的“中国心、国际范”邮轮产品，探索出一条具有中国特色的邮轮发展之路。未来十四五期间，星旅邮轮一方面将全力做好复航准备，保障生存；另一方面将密切关注行业和全球，包括国内疫情发展形势，加强对行业形势变化和业态模式变化的研究，在做好复航与形势分析的基础上，谋定而后动。

面对中资邮轮规模的扩大以及外资邮轮的运力优化，星旅远洋坚信邮轮产业的基本面持续向好，发展和上升的趋势未随疫情的发生而改变。对于未来中资邮轮公司的发展，星旅远洋作以下四点思考：第一，积极引进与培养邮轮方面专业人才，组织公司人员对邮轮行业的学习与了解，提升公司邮轮综合运营能力和核心竞争力；第二，提升自我管理水平，实现自主管理；第三，聚焦苦练内功，努力学习、吸收良好的战略管理策略，积累经验，锻炼自身队伍；第四，建议各中资邮轮公司抱团取暖，加强协同，也呼吁国家层面能加大资本和政策的支持力度，扶持民族邮轮产业的发展。

（六）中船邮轮

访谈对象：杨国兵　中船邮轮科技发展有限公司董事长、党委书记

访谈内容：

2006 年 7 月 2 日，上海国际客运中心邮轮码头正式开港，并迎来歌诗达“爱兰歌娜”号邮轮的上海首航，开启了中国邮轮经济的新篇章。自此中国邮轮产业经历了黄金十年，近两年中国邮轮运营市场步入筑底调整的关键时期，市场规模增速放缓，但随着中国邮轮市场行业标准逐渐规范、行业监管不断增强、政策体系日益完善、邮轮产业基础设施沿海全覆盖、市场规模量减质优、运力部署更新替代、邮轮产品创新重置，中国邮轮运营市场将完成转型升级，步入高质量、高品位发展新阶段。

加强顶层设计，开拓产业发展路径。2021 年是“十四五”的开局之年，领会十九届五中全会提出的新阶段、新理念、新格局的判断，将使我们全面认识邮轮发展的历史方位、指导原则、选择路径。我国邮轮产业已经从“过路经济”进入全产业链发展的新阶段，针对当前我国邮轮产业面临的突出问题，尤其是因为重旅游市场开拓、轻产业整体发展，重运营公司引进、轻本土企业培育，重基础设施投资、轻生态文化塑造所导致的产业发展不均衡困境，我们旗帜鲜明地提出要服务国家战略、打造“一带一路”国家新名片，坚定不移地推动构建可持续发展的本土邮轮生态体系，呼吁共建船港城人一体的邮轮命运共同体，中资邮轮将成为产业发展的主力军。以生态体系建设为抓手，形成中国邮轮产业发展整体合力，共同推动行业有序健康发展。

产业格局变革。中船邮轮是中国船舶集团发展邮轮产业的总体责任单位，是整合国内外资源构建邮轮生态体系的业务平台，引领中国邮轮产业的发展。在公司成立之初，我们立志成为中国邮轮旗舰品牌，以打造中国最大船队为目标，建成多品牌邮轮船队。

目前公司拥有两艘现役邮轮，同时还有两艘在建邮轮，已经是国内最大的邮轮公司。我们的邮轮自主运营能力愈加完善，邮轮运营对产业龙头带动作用日益凸显，构建本土邮轮生态体系的目标愈加坚定。

市场发展趋势。新冠疫情的发生给世界邮轮产业带来了前所未有的大变局、大挑战，也使中国邮轮遭受了巨大的冲击，但挑战中也有机遇。其中一个重要特征就是中国本土邮轮企业逆市扩张，在国际邮轮公司纷纷缩减规模的同时，中资企业积极入场，如三亚邮轮的“憧憬”号，招商的“伊敦”号等。我看到的是市场压力下的新机遇。我国邮轮市场具有强劲的政治动能、市场需求和产业基础，这也是我国发展邮轮产业的底层逻辑。目前市场的困境在于如何探索新航线，创造新产品，推动邮轮有序复航，特别是在国际航线未开放之前，如何开发国内沿海游航线、发掘国内邮轮旅游市场潜力、构建超大规模国内市场，推动邮轮有序复航，这需要我们拥有更大政治勇气和智慧，推进在沿海航行权方面的探索和改革。

中船邮轮运营模式。邮轮作为深度嵌入全球化的市场，始终受到短、中、长期各种风险的影响，短期风险如疫情，中期风险如市场周期波动，长期风险如地缘政治等。邮轮产业又极具生命力和韧性，它的发展史是一部抵御危机的历史，历史上经历数次危机后，往往释放了更大的活力。归根结底可以总结为坚持开放合作、体系发展的理念：一是坚持开放合作，加强内联外引、合资合作，以共赢的方式有效增强核心竞争力和拓展未来发展空间。邮轮行业具有天然的开放性和国际性，是人类社会通力合作的典范。中船邮轮同样是开放合作的产物，“开放合作、产融结合”是我们推进邮轮产业的基本思路，我们与嘉年华、芬坎蒂尼成立合资公司，合作的理念和精神始终贯穿其中；我们引进 R&M 等一批世界知名企业，建立本土化供应链体系；我们分别与浦东新区及宝山区政府合资成立邮轮供应链平台公司。从整个业务框架的设计上，中船邮轮天然强调开放合作，强调多方共赢，这是我们的战略基石，也是我们公司的文化基因。二是坚持体系发展，我们着手强化顶层规划，完善产业环境和企业种群。一方面聚拢国内邮轮相关的资金、人才、硬件设施等各类优势力量与资源，不断呼吁和推动在国家层面建立有利于邮轮产业高质量发展的统一体制和机制。我们公司组建成集邮轮研发设计、建造、供应链和运营为一体的邮轮产业平台，成为中国邮轮产业高质量发展的中坚力量。另一方面我们向国家有关部委建言献策，配合提交了《关于后疫情时代推动我国邮轮产业高质量发展的建议》《大力推进 RCEP 框架下的邮轮产业发展》等人大、政协提案，争取各项惠及邮轮产业的政策。我们坚信，只有构建起可持续发展的邮轮生态体系，中国邮轮产业才有光明的未来。

邮轮研发设计。大型邮轮技术的“引进消化吸收再创新”是公司发展的重点任务之一。通过参与首制船的设计，我们逐步实现对 VISTA 平台技术消化吸收，掌握系统原理，完成设计图纸的技术消化吸收，重点突破总布置、安全返港、替代设计、重量重心控制、振动噪声控制等关键核心技术。在后续船的设计中，我们将进一步强化基本设计能力，掌握详细设计能力建设，逐步建立市场营销和项目管理等配套能力，最终实现邮轮工程总包能力。

邮轮供应链建设。中船邮轮的供应链围绕着邮轮运营和建造核心领域建成自主、安全、价值的本土供应链体系。在内装领域，我们收购了德国 R&M 公司，成为全球为数不多的具备全船内装总包能力的服务商之一。同时以 R&M 为核心，整合现有的资源和能力，打造本土邮轮内装平台，逐步建成邮轮内装工程总包能力、系统集成能力和关键核心产品配套能力，彻底改变邮轮内装本土市场小、散、乱的局面。内装是供应链板块的一个组成部分，中船邮轮的策略是做强战略性供应链，做大经营性供应链，做实管控性供应链，在“十四五”期间邮轮建造本土化配套率要稳步提高，支撑我国邮轮建造和运营业务发展。

邮轮生态体系。本土邮轮生态体系包括产业体系建设和行业环境建设，其中产业体系包含了邮轮运营、研发制造及供应链等产业环节；行业环境是指围绕邮轮产业的旅游文化、政府法规政策以及市场营商条件，两者互相依存、彼此塑造，构成完整的生态体系。目前中船邮轮立足于产业，布局了邮轮运营、研发设计、供应链三大板块，业务已经延伸到产业的上中下游，并与邮轮码头、造船厂、金融机构等产业形成协同效应。未来我们还将在邮轮文化普及、政策法规探索以及营商环境的提升等方面加强推进，以形成完整的、可持续发展的邮轮生态体系。

南海邮轮战略。邮轮是“移动的海上城市”，具有天然的连通性、国际性和开放性，兼具经贸合作、人文交流等多重属性，高度契合 21 世纪海上丝绸之路建设。南海东南亚各国具有优越的自然条件和地理条件，东盟 10 国中，除了老挝外均有漫长的海岸线资源，38 个世界文化遗址散落在各地。区域内的新加坡拥有完整的邮轮码头设施，便捷的航运服务，具有极高的邮轮旅游价值。中国邮轮公司应加大开发邮轮航线的力度，扩大南海旅游航线，丰富邮轮旅游产品，通过邮轮旅游推动沿线各国联动发展、加深经济融合，各国在此过程中将形成一荣俱荣的利益共同体，为打造命运共同体奠定基础。应构建邮轮文化，把中国梦和沿线各国人民的梦想结合起来，把中国发展同沿线各国发展结合起来。通过沿线各地的文化交往，强化文明交流；依托“一带一路”，强化沿线国家之间政策沟通，引领未来合作；设施联通，打造便捷世界；贸易畅通，推动互利互赢；资金融通，注入发展动力；民心相通，共创美好生活。以实际行动实践命运共同体构想，把南海地区建成和平之海、和谐之海、合作之海。

（七）蓝梦邮轮

访谈对象：徐颖　蓝梦邮轮公司常务副总裁

访谈内容：

在新冠疫情发生和持续发酵的大环境下，蓝梦邮轮作为一家初创的民营中资邮轮公司，在打造新生邮轮品牌的过程中，基于四大思维进行了蓝梦邮轮战略、定位和经营等一系列的思考。

第一思维：框架思维。第一层思考是企业框架，王炎平董事长在创建“国航”时，前瞻性地搭建了集团“中国航运”的战略框架，即“中运”和“国航”；蓝梦邮轮创立与集团“中国航运”的战略发展息息相关，“十四五”期间，蓝梦邮轮五年发展规划将组建 5 艘邮轮规模的船队，制定契合集团“中国航运”战略思路的公司发展框架的同时，规避了单船运营难以实现盈利的运营风险。第二层思考是管理，蓝梦邮轮对于管理的思考聚焦两个“营”，即邮轮“运营”和岸基公司“经营”；依托福建国航集团的船舶管理资源和丰富的航运经验，蓝梦邮轮组建中资邮轮船队后需要聚焦思考邮轮如何“运营”和公司如何“经营”。第三层思考是行业战略，后疫情时代，蓝梦邮轮运营管理高度契合国家内循环战略的实施，在邮轮船舶管理、船供管理和船员管理等邮轮运营环节力争实现“内循环”，培育在中资邮轮企业差异化发展中的核心竞争力；同时，蓝梦邮轮通过实践探索建立邮轮运营管理体系，培育储备邮轮管理人才和船员团队，在实现规模化经营后，计划作为第三方邮轮船舶管理公司输出邮轮运营管理，提供中国邮轮船员的配套服务。第四层思考是产业配套，蓝梦邮轮在运营邮轮船队的基础上，计划通过科创、文创类项目合作，以及和地方政府进行全产业链合作等，逐步拓展蓝梦邮轮在产业配套的发展。

第二思维：财务思维。公司的商业实质是收益，商业的底层逻辑是人。蓝梦邮轮在初创期需要思索公司邮轮船队的建设路径、公司内部架构搭建以及商业合作模式选择，这些直接关联到公司财务的现金流、经营成本和运营收益。

第三思维：系统思维。蓝梦邮轮将系统思维的建立作为一个中远期的战略目标，建设一套中国式的邮轮管理系统，目前蓝梦邮轮也在不断探索实践中。

第四思维：经营思维。第一层思考是品牌建设，蓝梦邮轮品牌定位为“国民邮轮”，其品牌概念是“国潮时尚、民族文化”，品牌 logo 形似中国的“中”字，寓意是“六合之力”，即科技之力，海洋之力、资源之力、文化之力、国民之力和中运之力，而“国民邮轮”品牌则围绕“六合之力”进行塑造。第二层思考是产品打造，在“国民邮轮”品牌定位基础上，蓝梦邮轮旗下邮轮通过差异化定位，打造各具特色的邮轮产品，如第一艘邮轮“蓝梦之星”，引入华夏面食文化、草原文化艺术、传统书法美学、顶级医疗康养、红色文化之旅等极具中国多元化文化特色的亮点元素。第三层思考是渠道拓展，蓝梦邮轮在与省级代理分销合作的基础上，联合中国铁路集团打造铁海联运的新 IP，创新市场分销模式。第四层思考是收益管理，邮轮公司的收益管理主要涉及船票收益、船上二次消费收益、补贴收益等。蓝梦邮轮作为初创公司，其经营思维是否能在中资邮轮快速发展的中国市场中占有一席之地，仍需要经过市场的检验。

随着中资邮轮船队的扩大和国际邮轮集团运力的优化，我国邮轮市场格局发生了重大变化，蓝梦邮轮作为我国邮轮市场新晋中资公司，深刻理解商业的底层逻辑“人才”的重要性。首先，老板、员工和客户三大核心主体是邮轮公司运营的“铁三角”，其中老板的使命是“分配”，即制定科学的利益分配机制；员工核心层即职业经理人，其最美的使命是培养人才，造就团队。其次，一支卓越的邮轮人才队伍需要“会管理＋会培养”人才，需要兼具迥异风格，适时制约平衡，锻造强大内心，拥有红尘思维；结合自身实践经验和管理心得，邮轮人才一般划分为三类，即领导者、探索者和跟随者，其中领导者是少数的，具备很强的创新意识和业务能力，有眼界、有格局、有经验、有人脉，懂舍得，懂方法论，能运用好职场深度、高度、广度三个维度吸引和培养人才；探索者始终保持一颗好奇、求知、正能量的心，勇于探索，敢于承担，领导者要给予探索者一定的容错率和探索空间；跟随者是多数的，始终保持自己在团队的轨道上不掉队，其中需要有高情商的意见领袖 KOL 作为团队的黏合剂。最后，我国中资邮轮发展的基础是邮轮人才，而对人才最大的负责是团队有能管理人才的人才，公司有支持人才发展的机制体系，实现邮轮人才培育的可持续发展，让中国邮轮市场呈现百花齐放的场景。

我国邮轮市场的内循环发展一度将沿海邮轮旅游和海上游邮轮旅游推向新高，沿海邮轮和海上游邮轮旅游作为一个时代的产物，邮轮政策的出台为其落地提供了可能性，除了邮轮政策的可执行性，具体能否落地仍需各邮轮公司努力经营。首先，邮轮政策试点是以试点成功为导向的，需要思考试点母港、邮轮公司、邮轮或邮轮产品的选择，如何能有效提高试点的成功率；然后，要开发具有杀伤力的邮轮产品，亮出卖点，规避低价恶性竞争；最后，要拥有一支战斗力极强的团队，时刻保持高效的工作效率和超然的战斗热情。

（八）长江维多利亚游轮

访谈对象：周琢　重庆市东江实业有限公司执行董事、总经理

访谈内容：

长江三峡市场自 20 世纪 70 年代末 80 年代初兴起以境外市场为主，2008 年奥运会以后，国内市场开始兴起，到现阶段受疫情影响，已复航游轮市场以国内旅客为主。

在长江游轮经营层面，一是长江游轮自 2020 年 2 月春节期间开始停航，2020 年 8 月复航，批准市场上 30%~40% 的游轮复航，并限定上座率，规定复航第 1~2 周上座率上限为 50%，第 3~4 周上座率上限为 70%，第 5 周开始上座率上限为 90%。二是游轮公司属于重资产企业，且勇于承担社会责任，在疫情期间均未主动裁员，船队规模较大的游轮公司均处于亏损状态，少则七八千万，多则上亿元，但目前尚未出台或实施有效的政策补贴。三是疫情影响下我国出境旅客、海洋邮轮旅客等中高端群体成为长江游轮旅游市场的潜在客户，是长江游轮市场改变市场客源结构的契机；同时，原海洋邮轮分销商、旅行社转向长江游轮市场，通过赋予主题或文化 IP 包装、升级长江游轮产品，如“龙图腾”“江山如此多娇”等主题航线票价高，但市场热度和反馈非常好。

受疫情及长江环保要求等多方因素影响，长江游轮运营存在以下困难。一是长江环保压力很大，国家对于污水处理要求零排放，要求长江沿线港口配置污水处理、垃圾回收处理装置，但目前大部分港口尚不具备该条件，私人处理船舶费用很高；二是依据环保要求，长江游轮在港口停留时间超过两个小时时必须使用岸电，但目前港口泊位并靠数艘游轮时，无法满足所有游轮的岸电需求，同时岸电负荷不足，很多时候难以满足大型长江游轮的全船用电，且收取的电费是国家电网电价的两倍，加大了邮轮公司的运营成本。三是政策法规的制约，2020 年国家交通运输部出台的《河港总体设计规范》（JTS 166—2020）提出河港建设有关要求和规范；2020 年 6 月，江苏新出的河港新规要求游轮靠泊的趸船长度须达到船长的 70%。河港设计建造有关规范的出台将通过邮轮公司的诉求倒逼长江客运旅游港口的升级改造，但现有政策对于长江游轮产业发展存在较大障碍，市场游轮运力不断新增将会进一步加剧市场价格竞争。四是人力资源层面，现阶段长江游轮公司的人力资源紧缺，疫情期间我司未主动裁员，但停航期间游轮船员的待遇只能维持基本生活，迫于生活压力仍导致大量员工流失，人力资源紧缺对我们游轮公司也是有很大的风险。

（九）长江黄金游轮

访谈对象：代晨林　重庆长江黄金游轮有限公司 副总经理

访谈内容：

三峡游轮旅游产品与时俱进，是国内值得推广的旅游产品，未来长江三峡游轮旅客规模总量有很大的增长空间。重庆长江黄金游轮有限公司作为长江游轮主要的游轮公司之一，隶属地方国有企业，通过不断提升安全服务和市场服务为游轮旅客提供更好的体验。

现阶段，长江游轮存在的系列问题在一定程度上滞碍了长江游轮市场发展。具体如下：

一是旅游客运码头硬件条件不足。20 世纪八九十年代高速公路迅速发展，政府在推动长江沿线码头规划建设时出于经济效益考虑，更重视货运交通，客运或旅游客运码头条件差，导致水上客运萎缩，客运或旅游客运码头的基础设施不足是现阶段长江游轮旅游发展的突出问题之一。目前，长江客运港口主管部门意向通过出台相关政策，激励游轮公司来推动港口的发展，但从游轮公司层面考虑，投资港口需要形成规模化发展，经济效益较低，游轮公司甚至其他需要考核的企业均难以支撑游轮港口的投资建设费用和运营管理费用。近二十余年，长江客运或旅游客运港口及相关配套尚未更新，难以适应一代一代创新更新的客运船舶发展和长江绿色环保发展的新要求，如果长江游轮旅游想要突破发展，则需要地方政府投入进行一些必要的基础设施的更新、改造和建设。

二是地方政府观念存在差异性。游轮旅游对于地方经济发展起到一定的拉动作用，旅游主管部门对于推动游轮旅游发展的积极性高，而交通主管部门、安全主管部门对于长江游轮发展的关注度不高，但对于运营或即将投入运营的游轮的安全管控非常严格和谨慎。

三是缺乏政府层面的长期规划和引导。通过调控长江游轮运力，美维游轮和新世纪游轮计划将公司旗下运力指标，通过设计建造新船投放至长江中下游段（宜昌—上海）运营，长江中下游游轮旅游的发展在一定程度上是长江三峡游轮的补充和延伸，也是突破现有长江游轮发展格局的重要路径，现阶段已投入上千万费用进行可行性研究和船型设计，但码头和政策方面限制较大，船型尚未投入建造。长江三峡游轮旅游品牌应作为中国最有影响力之一的品牌来打造，需要政府提供好的政策引导和顶层设计规划，将长江三峡旅游进行统一包装和宣传，并形成沿线景区之间良好的竞争和互补发展机制，避免市场的无序和恶性竞争。

（十）重庆冠达世纪游轮

访谈对象：万焱　重庆冠达世纪游轮有限公司总经理助理

访谈内容：

重庆冠达世纪游轮有限公司（简称世纪游轮）从旅行社业务起家，后成立游轮公司并建立游轮船队，全面发展长江游轮旅游业务。截至 2021 年 6 月，冠达世纪游轮旗下运营 7 艘长江游轮，另有 5 艘游轮在建，包括 2022 年即将下水的世纪凯歌号和世纪绿洲号、2023 年下水的世纪远航号、2024 年下水的世纪梦想号。

在二十多年的发展期间，长江游轮旅游产品同质化严重，岸上景点没有变化，旅游服务没有创新，港口设施没有更新，长江三峡游轮产品已经是一个逐渐老化的产品，若不创新，将逐步失去其吸引力和竞争力。基于此，公司将“游轮航线从长江上游拓展至长江中下游，游轮产品从长江流域拓展到海外”的理念贯穿公司发展，希望对游轮航线、游轮产品进行创新。而疫情之下，正是长江游轮产品创新的一次契机。

2013 年，世纪游轮旗下世纪神话号游轮就开辟了“重庆—上海”航线，并连续三年在淡季开辟了“重庆—上海”的冬天航线。

2018 年，世纪游轮旗下世纪天子号开辟了“上海—南京”全年常态化运营的航线。过程中由于要频繁面对沿海地区台风季恶劣天气、下游港口游轮码头靠泊难等，这些问题对游轮运营影响很大，且短时间内难以得到有效解决，故 2019 年取消了长江中下游游轮航线。虽然世纪天子号重新回归三峡市场，但持续开拓长江中下游游轮旅游产品和市场还在继续。

2020 年至今，公司通过旗下重庆新世纪国际旅行社打磨游轮线路、销售产品，并提供优质的旅游接待服务，创新开辟了“渝见山峡”主题航线，联合国内在海洋邮轮旅游产品开发和销售方面具有丰富经验的“上船吧”单位等合作，共同打造重庆到上海的“江山如此多娇”长江全航线游轮高端产品，其豪华标准间基础定价为 18 800 元，根据市场分析，人均票价 25 800 元的行政套房、人均票价 58 800 元的总统套房是市场销售最快、最好的。这在一定程度上加快了长江游轮产品升级的趋势，也标志着高端客户逐渐回流长江游轮旅游市场。

三、邮轮城市

（一）天津

访谈对象：戴明　天津国际邮轮母港代总经理

访谈内容：疫情与双循环新格局下的邮轮港口发展措施智慧

作为目前京津冀地区唯一的邮轮港口，天津国际邮轮母港主要服务于北京、天津、河北以及雄安新区的邮轮旅客。近年来，天津国际邮轮母港深耕客源腹地市场，开发形成了以京津冀地区为主、华北其他地区以及东北和西北等地为辅的广阔的客源腹地。在疫情的冲击下，天津乃至全国邮轮业务仍处于停摆状态，天津邮轮港在艰难中积极备战邮轮业重启。

一是积极完善邮轮港口疫情防控措施以及应急管理体系建设。自新冠疫情发生以来，天津国际邮轮母港贯彻落实国家、天津市和天津港集团针对疫情防控工作的各项指示要求，主动加强疫情管控工作力度，制定印发《新型冠状病毒感染的肺炎疫情防控工作实施方案》和《应对新型冠状病毒感染的肺炎疫情应急处置预案》，通过明确各岗位责任和处置流程，提升应对疫情管理成效和处置能力，确保疫情防控工作有效落实。

二是积极探索邮轮港口的区域合作与合理竞争。天津国际邮轮母港作为北方第一大邮轮港口，贯彻落实国家双循环发展战略，加强与周边及其他区域市场邮轮港口之间的联系，交流邮轮市场信息和疫情防控措施，促进双方邮轮港口共同发展。为落实“国内大循环为主体”的发展战略，天津国际邮轮母港立足渤海湾区域龙头邮轮港口的使命，积极探索与大连港等邮轮港口开通国内客货运航线，共同研究推行国内沿海邮轮航线的可能性。

三是邮轮港口多元业务开发，缓解经营压力。为有效应对新冠疫情，天津国际邮轮母港主动探索相关多元化业务的开展，在积极争取外贸滚装业务的基础上，通过开展商业服务性停泊业务、码头民政服务项目和“港口工业海上游”业务，提高码头泊位利用情况，拓展公司收入来源，缓解邮轮市场停航所带来的经营压力。

面对如疫情这类长期不确定性危机，同时为适应“双循环”战略要求，天津邮轮港将从以下三方面继续推动邮轮业发展：

一是紧抓“双循环”战略契机，重谋邮轮复航之路。天津国际邮轮母港将充分利用“国内国际双循环”战略的有利契机，加强邮轮市场开发，建立和完善与邮轮公司和邮轮港口等邮轮行业相关单位的沟通渠道，共同推动国内邮轮经济的尽快复苏。鉴于目前国外疫情发展和国内疫情防控工作的整体形势，天津国际邮轮母港将探索与星旅远洋邮轮、招商局维京邮轮等中资邮轮公司的合作，推动国内沿海邮轮航线的试运营，加强与皇家加勒比游轮等国际邮轮公司的联系，共同研究天津海上游邮轮航线的政策申请工作，推动天津邮轮市场尽早复苏。

二是加强港口联系沟通，有序推动市场复苏。面对新冠疫情对邮轮行业产生的严重影响，邮轮港口可借此机会完善相关管理制度，进一步提升各个港口应对突发事件的能力。此外，各邮轮港口要加强联系和沟通，研究制定统一的疫情防控标准，共同向国家主管部委申请适合邮轮旅游产业特点的相关政策，确保在做好疫情防控工作的基础上有序推动邮轮市场的复苏。

三是港口设施升级与信息化建设推动服务品质提升。天津国际邮轮母港于 2017 年率先开通了互通天津滨海国际机场的邮轮旅客直通车服务和行李直运业务，进一步为邮轮旅客的换乘和游玩提供了便捷服务。天津国际邮轮母港还在不断完善自身服务功能，近年来先后建设邮轮岸电项目、邮轮旅客行李罩棚等项目，提升整体服务水平；配合口岸查验单位先后完成了自助通关设备、智能查验设备的升级改造，提高邮轮旅客通关效率；落实交通运输部对于推行邮轮船票的相关工作要求，配合边防检查部门、海关查验部门和交通运输主管部门升级邮轮旅客信息系统，进一步提高邮轮旅游产业信息化智能化程度。

（二）上海

访谈对象 1：徐珏慧　全国人大代表、上海港国际客运中心总经理

访谈内容：面向新格局，立足新定位，谋划新发展

2020 年新冠疫情给我国和全球邮轮产业发展带来了严峻考验，叠加我国邮轮市场在爆发性增长过程中逐步显露出来的各类产业发展问题，邮轮产业发展面临着前所未有的挑战，邮轮港口压力更为凸显。但邮轮产业谋求新发展并不会因疫情而停滞，邮轮港口应该在疫情空窗期间谋求新的发展。

疫情防控常态化背景下，中国邮轮产业发展仍旧存在诸多机遇，尤其是在国家构建双循环新发展格局的战略背景下，邮轮产业发展有了更为深刻的战略引领。而邮轮港口作为基础性、枢纽性设施更应当主动作为，抓住新机遇，在疫情防控常态化与双循环新格局的环境下实现突围，推动我国邮轮经济由高速增长阶段向高质量发展阶段转变。鉴于此，建议从以下几方面探索邮轮港口新发展之路。

一是完善邮轮港口安全风险防控机制。邮轮旅游安全是疫情防控常态化下邮轮复航的前提条件和重要保障，邮轮港口作为邮轮复航防疫过程的中间环节，承担着“外防输入，内防扩散”的重要职责。建议在国家层面统一邮轮安全防疫标准，制定统一的邮轮港口防疫方案；完善邮轮港口安全风险防控机制，加强邮轮港口与交通部、海关、疾控中心等部门的联防联控，发挥信息技术连接功能和整合优势，推进高科技监管手段的智能应用，共同推动邮轮公共安全高效管理。强化疫后复航邮轮的安全性评估和动态管理，保证邮轮港区应急物资供应，提升危机处置能力和安全复航保障力。

二是打造上海邮轮国际国内枢纽港。我国沿海邮轮港口大多定位为邮轮母港，区分度不明显，需要重新审视不同邮轮港口在双循环新格局中的定位问题。以上海为例，上海地处我国南北海岸线中心点，也是东北亚邮轮航线的中心节点城市，并已形成联通性强的“海陆空”现代化交通体系，拥有打造国际国内枢纽港的良好基础。双循环新格局中的上海定位已明确为“国内大循环的中心节点、国内国际双循环的战略链接”，需加快打造上海邮轮国际国内“枢纽港”，全力支撑上海打造双循环节点城市。可依托上海国际性综合交通枢纽，充分利用上海完备的“海陆空”交通体系实现与邮轮运输的有效衔接，在国际上打造亚太邮轮旅游核心节点，推动邮轮港成为国际航运中心的重要枢纽；在国内打造沿海邮轮和内河游轮的关键核心枢纽，发挥上海邮轮港在国际国内两个市场、远洋与内河水上旅游的连接作用，充分利用以邮轮旅游为核心，以运输和旅游为纽带的港口服务、游览观光、餐饮酒店等相关产业活动需求，赋能上海世界著名旅游城市和国际消费中心城市培育建设。

三是深化区域一体化理念，推动邮轮港口合作与行业复苏。当前首艘五星红旗邮

轮“招商伊敦号”即将进入市场，开启我国邮轮业发展新纪元，进一步加快我国邮轮行业复苏节奏。真正意义上的沿海邮轮业务有望实现常态化运营，促进邮轮航线产品多元化，拓宽沿海邮轮港口联动合作空间。长三角一体化等区域一体化协同发展战略不断深入，我国沿海邮轮港口应积极主动融入，持续深化沿海邮轮港口合作，扩大合作规模，积极整合区域邮轮城市旅游资源，树立区域邮轮旅游整体形象，推进邮轮旅游营销推广一体化，提升邮轮航线挂靠的吸引力；提高邮轮跨区域服务水平，完善港口旅游集散功能，统一邮轮行业监管标准，推动邮轮旅游服务、交通体系、监管标准和管理体系一体化。疫情空窗期，探索与国外港口合作实现互为始发港联动操作，为疫后国际邮轮市场恢复打下基础，形成国内国际双循环的邮轮旅游新局面。

面向双循环新发展格局，在疫情防控常态化大环境以及上海全力打造世界著名旅游城市和国际消费中心城市的机遇下，上海邮轮港应立足国际国内“枢纽港”定位，全力支撑上海打造国内大循环的中心节点、国内国际双循环的战略链接，依托长三角一体化以及邮轮旅游发展实验区、示范区建设，继续发挥示范引领作用，推动邮轮产业高质量发展。

访谈对象 2：顾绘权　上海吴淞口国际邮轮港发展有限公司党委副书记、总经理

访谈内容：融入双循环，全力打造“五个一流”邮轮港

2020 年初新冠肺炎疫情为中国邮轮市场按下暂停键，抗击疫情，推动复航成为业内新主题。吴淞口邮轮港密切关注、跟踪疫情发展态势，与政府相关部门、邮轮公司、港口保持沟通交流。一方面完成《上海吴淞口国际邮轮港邮轮恢复运营工作手册》《上海吴淞口国际邮轮港突发公共卫生事件应急预案》《吴淞口国际邮轮港新冠疫情防控规范》等文件编制，为邮轮港口共同抗疫献计献策，共同提升疫情防控能力；另一方面密切跟踪海南邮轮港口复航的最新进展情况，深入研究《海南邮轮港口中资方便旗海上游航线试点管理办法（试行）》的相关内容。在海南邮轮港口复航的基础上，积极争取上海邮轮港口逐步恢复运营。

疫情防控常态化时期，吴淞口邮轮港着力从以下两方面进行新一轮的完善升级：一是港口安全方面，进一步健全港口卫生防疫体系与港口应急管理体系。加强港口设施卫生管理，严格落实港区公共区域消毒通风措施，建立常态化港口卫生管理体系；建立员工身体健康档案，强化港区人员体温监测与安全管理；建立港口医疗防疫物资常态化配备体系；建立健全邮轮港安全保障与联动机制，把安全发展理念贯穿始终，深化应急保障体系建设，具备专业应急处置队伍、设施设备和邮轮突发事件的处置能力。二是港口配套设施升级与功能完善方面，进一步完善邮轮港商业配套和游客体验，提升邮轮港国际品牌形象，推进旧客运楼“东方之睛”改造及“智慧邮轮港”建设，打造 3000 平方

米的太阳能光伏发电项目，推动“绿色港口”发展。

双循环新发展格局下，港口将继续以习近平新时代中国特色社会主义思想为指导，深入贯彻党的十九大和十九届二中、三中、四中、五中全会精神，抢抓“一带一路”、长江经济带发展、长三角一体化及上海国际航运中心和世界著名旅游城市建设等发展机遇，继续对接国家战略和上海发展需求，秉承诚信友善、勤勉高效、务实担当、开明卓越的核心价值观，以建设具有全球影响力的国际一流邮轮港为愿景，瞄准建成亚太邮轮运营服务中心、国际一流邮轮港运营管理品牌“两大目标”，以提升中国邮轮港口国际引领和管理输出能力、促进上海国际航运中心和世界著名旅游城市建设、推动上海邮轮产业高质量发展的“三大功能”为出发点，以综合发展、生态发展、统筹发展、创新发展“四个发展”为动力，着力打造一流快乐港口、一流智慧港口、一流绿色港口、一流共赢港口、一流示范港口等一流“五大港口”，提升邮轮港口整体综合竞争力，更好地服务国家战略实施、区域经济社会发展和邮轮产业链生态建设。

在疫情冲击与双循环新发展格局下，邮轮港口需要合作联动主动作为。当前邮轮港口区域性布局已形成，但各始发港邮轮旅游产品存在航线、服务等同质化竞争现象，产品单一性不仅限制了中国游客的多样化的需求选择，影响了国际邮轮旅游的市场吸引力，还在一定程度上限制了中国邮轮市场的规模，降低了抵抗市场风险的能力。为避免邮轮市场的恶性竞争，有效的区域合作势在必行。吴淞口邮轮港将继续致力于加强与国内其他邮轮港口的联动发展，共同推动沿海“多点挂靠”发展，实现客源市场联动。积极拓展“一带一路”航线发展，增加挂靠港邮轮数量，促进邮轮入境旅游发展，提升邮轮港收益。

（三）广州

访谈对象：许镇江　广州南沙国际邮轮母港运营管理有限公司总经理

访谈内容：双循环新发展格局下推动华南邮轮产业发展思路探讨

构建基于“双循环”的新发展格局是党中央在国内外环境发生显著变化的大背景下，推动我国开放型经济向更高层次发展的重大战略部署。邮轮产业在中国已进入第二个十年发展期，正值向高品质转变的关键期。然而，新冠肺炎疫情的发生使邮轮产业遭受重创。邮轮公司首当其冲，各家邮轮公司亏损规模均超百亿美元；邮轮港口同样损失巨大，港口无船可靠，业务收入断崖式下跌，却仍需担负港口基础设施设备折旧维护成本。面对全球邮轮市场的大变局，中国邮轮业在面临挑战的同时应当抓住机遇，在中国构建“双循环”经济发展格局中，实现邮轮产业高质量发展。

当前，全球疫情严重阻碍世界经济“外循环”，发展邮轮产业“内循环”已成为大势所趋。后疫情时期，如何加快邮轮复航及行业复苏一直是邮轮行业内的重要关注点。个人认为从港口疫后发展的角度出发，可从推进邮轮区域合作及丰富邮轮产品组合两大方向进行深入探讨：

一是推进邮轮区域合作，发展邮轮旅游内循环。2020 年 6 月 1 日，国家出台《海南自由贸易港建设总体方案》（以下简称《方案》）。《方案》允许“仅涉及中国（海南）自由贸易试验区港口的外籍邮轮运营多点挂靠航线业务”；“允许中资邮轮运输经营主体在海南三亚、海口邮轮港开展中资方便旗邮轮海上游业务”。由于海南本岛纵深较浅，旅游资源存在同质化，海南本地严重缺乏开展上述业务的充足客源。考虑到大陆拥有巨大客源腹地的市场优势，建议国家有关部门逐步将上述政策复制到大陆其他地区，如先行在粤港澳大湾区对接实施，推动华南地区邮轮航线先行先试，进一步深化粤港澳湾区和海南自由贸易港的融合发展。

二是探索中资邮轮国内航线，丰富邮轮产品组合。目前日本、韩国、越南、菲律宾等母港航线主要目的地的疫情远未结束，在此之前，邮轮复航将寄托于国内沿海游和无目的地海上游，而由于国内对外籍邮轮的政策限制以及原邮轮产品国际化属性的影响，邮轮复航道阻且长。产业重启急需政策支持以及国内邮轮航线、产品的创新尝试。以南沙国际邮轮母港为例，广州南沙位处粤港澳大湾区几何中心，邮轮产品丰富，在开发邮轮产品组合、创新特色航线的发展方向上有较明显优势，结合广州区位及政策优势，就探索中资邮轮国内航线方面建议如下：①现行政策下，南沙国际邮轮母港具备恢复运营广州—香港—公海航线的“类国内公海游”航线优势，在内地及香港疫情可控的情况下，建议政府以严格监管、控制上客率等方式逐步重启上述航线。②从广东自由贸易试验区总体方案的发展规划中，广州具有开发中资“方便旗”邮轮航线优势。《国务院关于印发中国（广东）自由贸易试验区总体方案的通知》提出，允许在自贸试验区内注册内地资本邮轮企业所属“方便旗”邮轮，经批准从事两岸四地邮轮运输和其他国内运输，但目前广州暂无该条款落实相关细则。从加大对中资邮轮的支持力度，做大做强本土邮轮品牌的角度考虑，建议管理部门以广东自贸试验区总体方案为指引，借鉴海南自由贸易港关于“方便旗”邮轮无目的地公海游政策，先行尝试运营中资邮轮“两岸四地”特色航线。③广州具有充分发挥粤港澳湾区客源及海南旅游资源优势，尽快开通华南区域至三亚、西沙“五星红旗”邮轮航线，让游客不出境就能体验邮轮旅行和免税购物的双重乐趣，实现邮轮经济内循环。

（四）厦门

访谈对象：王雄岩　厦门和平码头有限公司总经理助理

访谈内容：内外并重，打造极具活力的邮轮母港

2020 年初突发的疫情给全邮轮行业带来了严重的冲击，为应对疫情防控严峻形势，厦门国际邮轮母港于 2020 年 1 月 22 日制定并实施《和平公司防控新型冠状肺炎病毒工

作方案》，成立疫情防控领导小组统一部署各项防控工作，妥善开展防疫物资保障、场所消毒、职工及乘客防范等防控工作。同时，加强同各政府部门及关检单位的联防联控工作，共同出台《厦门国际邮轮中心新冠肺炎联防联控工作方案》，并根据交通部发布《港口及其一线人员新冠肺炎疫情防控工作指南》最新版的要求，结合新冠疫情的防控情况及政府部门防控政策的要求，不断完善各项疫情防控方案、预案及措施。目前仍在加强应急管理体系建设，厦门市邮轮经济发展领导小组办公室今年已在牵头编制《厦门市邮轮旅游突发公共事件应急预案》。

在做好疫情防控的同时，厦门邮轮港也在积极谋划港口设施升级与完善，加快形成邮轮母港“船、港、城”三位一体，逐步完善邮轮发展环境。新建航站楼项目位于厦门岛西部沿海，主要功能为国际邮轮通关候船作业，总投资 6.28 亿元，新航楼的信息化建设将随着新航楼的建设同步开展。加快打造中国东南沿海最具活力的区域性邮轮母港、海峡邮轮经济圈的核心港，形成海峡邮轮经济圈。

当前，中国邮轮港口基本布局形成三大邮轮圈，从北往南依次是：一是以天津为核心的渤海湾邮轮圈，二是以上海为核心的长三角邮轮圈，三是以香港、广州、深圳、厦门为核心的南部沿海邮轮圈。由于各邮轮圈内港口间的竞争关系及客源情况不一，新建的邮轮码头并不一定能够吸引邮轮长驻进行常态化母港航线运营，各地为了争夺吸引力会出台各种补贴政策；各邮轮港口邮轮产品严重同质化容易引发无序竞争，在引力过剩及高额补贴下，邮轮船票易出现白菜价。因此，各邮轮港口需根据目的地资源的特点，形成差异化邮轮产品，吸引不同的客户群。各港口之间要以合作代替竞争，通过入境邮轮多点挂靠提升各港口之间的竞合关系，条件成熟后，可运营多母港多点挂靠航线，解决邮轮旅客就近登轮问题；也可运营国内邮轮，选试运营区域间多港口的环行短航线运营，待旅客接受度较高后，逐渐推行至全国各邮轮港口的长航线。

“双循环”新发展格局下，邮轮港口需创新发展思路，坚持内外并重是港口发展的大趋势；要善于在“谋全局”中“谋一域”，开发国内和国际两个市场，培育新的增长点；坚持做好疫情防控工作，保障疫后各项业务的顺利开展，在恰当的时机进行转型发展，拓宽业务范围，从单一客运及相关业务的运营逐渐转变客运业务、货运业务、本地区区域旅游等多样化运营，以便未来更好地应对新冠疫情这类长期性不确定性危机。

（五）重庆

访谈对象：金竹江　重庆港九股份有限公司客运总站总经理

访谈内容：

重庆市领导认为“长江三峡游轮是世界级旅游名片，而重庆游轮码头硬件条件是乡村级的”。目前重庆港口建设和航运发展非常滞后，现有泊位的 12 个是 20 世纪六七十年代自然形成的简易式码头，泊位长度仅能接待船长七八十米的船舶，而现在长江游轮市场的主流船型接近 150 米，严重超标靠泊，且由于重庆客运码头普通客运功能的调整，现仅保留旅游客运功能，码头总体效益很差，经营亏损严重。港务集团作为重庆港口投资主体，其投资压力大，地方政府及中央督查办督导室经常性关注其投资动向，港务集团在投资方面的严谨和慎重是重庆游轮港口未实施改造升级或择址新建的重要原因之一。

重庆朝天门码头的最大弊端是港口属于开放式码头，在旅游客运功能发展方面存在诸多问题，具体体现在：一是不能规划成封闭式港区，岸上区域改造涉及市政规划调整，施工困难，目前仅能改造趸船，岸上公共旅游服务配套尚难随意改造。二是受朝天门码头临近来福士广场施工影响，旅客进出受阻，旅客登船体验非常差。三是朝天门码头定位交通运输功能，其中作为旅游功能开放的时间每年仅 8 个月，即每年 3 月下旬到 11 月。四是朝天门码头因无法升级改造，不能实现生活废水、垃圾回收接收处理设备安装，目前通过第三方公司转运实现长江绿色环保发展的要求和标准，而该费用相对较高，由游轮公司承担，没有实现交通部委要求的免费接收垃圾和生活废水、垃圾的环保要求。建议减轻游轮公司和港口企业的负担，只有减轻企业负担，企业在环保上才能积极性更高、主动性更强。基于此，朝天门码头按照市政府要求，要减少码头数量，提升码头档次，并在朝天门广场建游客集散中心，直接联动朝天门码头，这将极大改善旅客在朝天门码头登船的体验性和舒适度。

（六）宜昌

访谈对象：冯剑涛　湖北三峡旅游集团股份有限公司副总经理

访谈内容：

2006 年至 2007 年，宜昌市启动港口资源整合，将宜昌长江沿线主要客运港口整合到湖北三峡旅游集团（原宜昌交运集团）旗下。经过十余年的创新发展，湖北三峡旅游集团逐步完善了以三峡游轮中心为枢纽，以宜昌港、茅坪港、太平溪港和三斗坪港为支撑“一主四辅”的客运港口体系。其中三峡游轮中心是宜昌市新投资 6.4 亿建设的城市会客厅，依据海港式码头设计建造，是长江沿线唯一岸壁式码头，目前已完成水工部分施工建设，陆域部分 2021 年动工建设；茅坪港建设 6 个泊位，2018 年因三峡船闸调整通航政策，目前是长江上游豪华游轮的起始港和终到港；太平溪港建设 2 个泊位，是上游长江三峡短线游班的主要起始港；三斗坪港位于两坝之间，是集团旅游产品“两坝一峡”和“升船机”靠泊的游船港口。“两坝一峡”游船产品 2019 年全年接待游客数量达到 106 万人次，游客接待规模相当于三峡大坝上游游轮客运量的总和。

长江沿线旅游客运码头在设计方面，与海洋邮轮码头存在本质区别，长江水位变化幅度大，传统的岸壁式码头并不适用，而可浮动的趸船式、船岸连接的码头能有效适应长江水位大幅变化、趸船与岸边连接距离太远、水位中间水流速度快等自然条件。

绿色环保方面，湖北三峡旅游集团所辖各港口已落实到位，主要体现在三个方面：一是生活污水的处理及全面回收装置改造。在长江实行船舶零排放之前，长江游轮上均设有污水处理装置，实现达标排放；2021 年开始船上生活污水处理后不能排放，实行零排放，因此，船舶污水必须上岸进入城市污水处理系统。目前，主要有移动船舶接收及船岸连接排放入网两种方式，接收处置船垃圾及生活污水，但生活污水处置也存在港口成本难以摊销的问题。二是港口岸电改造。岸电使用成本比燃油低，且舒适性较好，绿色环保，茅坪港在 2018 年年底已全面实现岸电改造，2019 年岸电接电量达到 430 万度。随着《长江保护法》及《港口和船舶岸电管理办法》等法规出台，岸电项目将进一步发挥优势，对船舶污染物治理起到积极的作用。三是新能源船舶建造。首先，2020 年 12 月 18 日集团开工建造一艘全球电池容量最大的商用船，用于运营两坝一峡旅游产品，造价投资约一亿，计划今年年底投入运营；其次，集团在研究油电混动及 LNG 技术船舶，希望在绿色环保技术上进行革新。

疫情防控方面，依据中央及地方联防联控的要求，游客实行实名制管理，严格实行双码查验、体温监测、佩戴口罩进港，各港口制定了疫情应急预案机制，全面从严做好疫情防控工作。

四、邮轮修造

（一）招商局工业集团有限公司

访谈对象：胡贤甫　招商局工业集团有限公司总经理

访谈内容：

招商局工业集团有限公司（以下简称“招商工业集团”）作为国内首屈一指的海洋装备和邮轮制造商，正谋求邮轮全产业链的布局与发展，稳步推进邮轮国产化。

招商工业集团正分阶段、分层次打造滨海游船、内河游轮、极地邮轮、中小型邮轮等产品，同步培育发展邮轮制造配套产业链。邮轮建造设计方面，极地探险邮轮：承接的 10 艘极地探险邮轮有 6 艘订单已生效，其中已交付 2 艘，一艘待交付；滨海游船：已成功交付“大湾区一号”轮、“大湾区二号”轮；内河游轮：承接的首艘高端内河游轮已成功下水，载客 500 人左右；中小型邮轮：与维京游轮合作，购买其“太阳号”邮轮，并签订建造 8 艘中型邮轮，单艘造价约 35 亿人民币，吨位约在 5.2 万吨~5.7 万吨；收购芬兰 Deltamarin 船舶设计公司实现邮轮自主设计，旗下招商局邮轮研究院目前主要负责市场调研、邮轮前期设计，包括概念设计、美学设计、人体工程设计等。邮轮基地与邮轮配套产业园建设方面，招商工业集团计划建成全球最大室内建造基地，该项工程在稳步推进当中；邮轮配套产业园已建成，为促成邮轮国产化，目前与 300 家左右与邮轮相关的设备、材料、内装等供应链企业沟通交流，60 余家企业进驻邮轮配套产业园。

疫情虽对全球建造市场影响较大，但对中国邮轮建造行业来说是实现弯道超车的机会。中国邮轮建造若想在国际上具备竞争优势，个人认为需具备以下能力：一是设计能力，目前招商工业集团不仅拥有 Deltamarin 船舶设计公司，自身详细设计团队能力也十分强大；二是生产能力，主要涉及内装，集团在该方面保持着稳步发展，体现在极地探险邮轮系列船的建造，第一艘极地探险邮轮国产化率只有 25% 左右，但第二、第三艘系列船的建造，国产化率已提升至 40%，未来国产化率有望达到 70%~80%；三是技术储备能力，招商工业集团积极探索卫生标准、绿色环保、设施设备和技术革新等方面的变革，建造高品质的中国特色邮轮。

受到疫情影响，与邮轮相关的一些要求规范需要重新调整，例如对船舶提出更加严格的环保要求，招商工业集团开展了多种形式的研究与合作。其与中国船级社（CCS）、法国 BV 船级社等有关部门合作，研究后疫情时代邮轮运营所需的防疫规程和标准操作，如医疗隔离、空间消杀、游客登船等；与芬兰 Deltamarin 船舶设计公司联合开发新的客船建造指南和改造方案；与 CCS、意大利船级社（RINA）签署船用新能源项目技术合作框架协议，合作开发氢能源和氨能源的技术研发、技术应用等。此外，受益于中美贸易战与国家内循环战略，国外一些厂家将目光投放在中国市场，即使疫情期间，也愿意使用中国生产的设备材料，将生产放在国内，极大地促进了中国邮轮产业链自主、安全发展。

“十四五”期间，招商工业集团将持续完善邮轮全产业链的布局建设。邮轮建造板块，其业务核心将由建成邮轮转变到建“好”邮轮，通过极地探险邮轮、内河邮轮、滨海邮轮的建造，积累了许多建造经验，未来在船舶建造过程中进一步提炼工艺，实现中小型高品质邮轮制造无障碍。配套产业园板块，位于江苏海门的豪华配套产业园建成落地，现已有 60 余家企业入驻，未来将吸引更多企业入驻，促成和提高邮轮国产化，打破国际垄断。邮轮建造基地板块，“十四五”期间将聚焦两大工程建设。一是灯塔工程，招商工业集团正在江苏海门部署一个极光流水线的智能制造车间，聚焦智能制造、物流系统数字化，使其成为行业内的标杆；二是团队工程，在实现灯塔工程期间，逐步形成招商工业集团自己的技术团队，在产业建设过程中培养专业人员，逐步实现每年 1.5 条以上中小型邮轮和 2 条极地探险邮轮的产能交付。邮轮文化培育板块，招商工业集团将持续投入研究并举办多种形式活动，例如文化沙龙、与中央 2 号频道合作等，推广中国邮轮文化，促进邮轮差异化、高端化发展。邮轮设计板块，招商局邮轮研究院未来将细化设计方面的研究，提出聚焦于静态外观设计研究和动态舒适度设计研究，提高服务设计能力。

（二）华润大东船务工程有限公司

访谈对象：刘志勇　华润大东船务工程有限公司常务副总经理

访谈内容：

上海华润大东船务工程有限公司（以下简称“华润大东”）作为国内兼具实力与规模的修船企业，负责国际国内各类船舶的修理及改装业务。作为行业名企，华润大东每年承接国际国内200~300艘船舶的修理及改装，其中包括豪华邮轮修理及改装，是国内最早进入邮轮修理行业的企业。

华润大东在豪华邮轮修理工作上主动对标国际船厂Fincantieri（以下称芬坎蒂尼），2016年与其签署客户共享与高难度维修技术业务攻克的战略合作协议。从2015年1月初承接的歌诗达“大西洋号”舱房改装至此，华润大东共承接大约6艘豪华邮轮，10艘次的船舶修理改造工作，积累了丰富的经验。

疫情之下，邮轮行业的停摆给邮轮维修行业带来了巨大挑战，豪华邮轮维修工作的停顿、外籍船只来华防疫政策的严格、邮轮上防疫设备的装置及改装等。关于船舶防疫，船厂作为疫情防控主体，面对各级政府防疫政策的严格要求、豪华邮轮上船员较多和国籍分散等问题，华润大东积极支持、配合船东做来华准入工作；关于船舶防疫改造，华润大东依据船东要求，协调做好船舶防疫方面的改造。

华润大东在船舶修理业务上有三大优势：一是其硬件设施，目前船厂拥有五个船坞，其中4个船坞是浮船坞，适合5万~30万吨的大大小小船型，另外一个是超大型的干船坞，长380米，宽103米，一个800吨的龙门吊以及4台50吨的岸吊，另外还有可以容纳2000名工作人员流动的上下通道、紧急情况撤离的安全通道以及运输船员生活所需物资的物流通道，非常适合做豪华邮轮的修理及改装；二是地理位置，船厂位于宝山邮轮码头的对面，船舶从码头开航只需两三个小时就可以抵达船坞，可为船东提供经济、便利的修船条件；三是对于豪华邮轮的修理，华润大东成立了专门的项目管理团队，团队对豪华邮轮的修理积累了相当多的经验与知识，在基于其整合的服务商网络下，完全可以胜任一般大型豪华邮轮的修理及改装。

有关数据显示，全球船舶修理40%~50%的市场份额在中国完成，中国修船市场竞争激烈，供大于求，为应对竞争局面，华润大东在肩负着中国在豪华邮轮修理业务的同时为谋求企业的长远发展进行企业发展战略升级，具体表现在：一是豪华邮轮方面高难度维修技术的突破，华润大东未来的主要目标是做大型豪华邮轮的改装，希望通过与芬坎蒂尼的合作能够实现邮轮船体加长的改装以及对旧的豪华邮轮的升级改造；二是对海洋工程的改装，包括与海洋工程有关的船舶的修理；三是液化天然气或双燃料船舶的改装。目前华润大东在这三个方面也取得了实质性的进展。

随着中国豪华邮轮制造业的起步与供应链的完善，本土邮轮修理工作将会更多落实在中国具备规模与实力的船厂，华润大东作为国际与国内知名的修船厂，将会积极整合供应商服务网络，提升自身水平，助力国内邮轮旅游双循环发展。

（三）舟山中远海运重工有限公司

访谈对象：苏宇　舟山中远海运重工有限公司副总经理

访谈内容：

随着我国邮轮产业快速发展，豪华邮轮在“本土化”翻新、修理等领域的市场增量巨大。在中国邮轮产业发展的 15 年里，我国船舶修造行业的综合能力得到了快速提升，中远海运重工、招商友联、华润大东等修船企业先后承接豪华邮轮修理工程，但多以坞修作业（外板油漆、轴舵系维修、船壳换板等）、机电维修工程（机舱设备修理、管路电气常规工程、救生艇等）为主，属于邮轮维修中基础性、常规性的修理内容，大型改装、内装改造、客舱装潢改造等工作大多由船东委托外部承包商完成。

舟山中远海运位于长三角地区，毗邻国际海运主航道，兼具区位、通航、维修硬件和修理经验等方面优势，是我国邮轮修理企业的主力军，先后承接完成了总计 7 艘次的邮轮修理工作，包括海洋赞礼号、天海新世纪号、钻石辉煌号、鼓浪屿号、蓝梦之星号等邮轮，拥有丰富的豪华邮轮修理改装项目管理经验，并逐渐摸索出一套针对豪华邮轮修理的生产管理体系，针对船东改造要求、图纸设计送审、现场生产管理、证书收集、完工检验等流程都有明确的管理制度和要求。

新冠肺炎疫情期间，我国邮轮业遭到了严重打击，星旅远洋邮轮旗下的鼓浪屿号在停运期间，驶抵舟山中远海运重工进行了为期 20 天的维修保养和升级改造。为应对邮轮疫情防控，鼓浪屿号完成了船舶空调通风系统优化、独立防疫舱房改造、船上医疗设备检测更新、防护物资配备充足、设立喷淋消毒区和隔离缓冲区等方面的升级改造。

后疫情时代，舟山中远海运为积极应对新冠肺炎疫情带来的冲击，进一步明确了公司在邮轮维修板块的战略规划和业务拓展计划，具体如下：一是明确经营策略，凭借其邮轮修理经验和中远海运集团系统内部的修理政策，增加其承接内部邮轮修理的机会，并持续做好客户服务，明确接单方向，在现有基础上逐步向高档内装等高技术含量工程推进；二是提升核心生产能力，建立豪华邮轮修理管理体系和修船生产技术体系，快速提升硬件资源，完善邮轮修理供应目录，缩短产品供应周期，提升施工人员专业水平、提升企业管理人员的现场管理水平；三是拓展业务范围，舟山重工目前承接的邮轮修理以坞修或是航修工程为主，尚未承接过邮轮大型改装项目，其计划在未来 2 年内逐步提升邮轮设计能力和人才储备，使其具备邮轮改装重量控制、焊接工艺研究、结构强度有限元分析、复杂管系合理排布、装潢艺术设计能力，能够承接酒店改装项目；计划在未来 4 年内要具备承接全船翻新及大型改造项目能力。

（四）珠海泛网科技有限公司

访谈对象：范道　珠海泛网科技有限公司 CEO

访谈内容：

珠海泛网科技有限公司（以下简称泛网科技）作为我国第一家专注于邮轮产业链“信息咨询与规划、信息基础建设工程、信息专业技术服务、管理软件研发”的信息项目总承包商（EPCM），提供咨询与规划、信息工程项目、运营管理系统、船务管理系统、信息解决方案等服务。2011 年至今，泛网科技先后为“东方神龙号”、海航邮轮（海娜号）、渤海邮轮（中华泰山号）、星旅邮轮（“鼓浪屿号”）、蓝梦邮轮（蓝梦之星）、CNWAVE 邮轮、MSC、RCCL、TUI 等 26 家邮轮公司 60 余艘邮轮提供过信息化服务，其中为“中华泰山号”“鼓浪屿号”邮轮等提供了整体邮轮信息交接、改造、信息系统以及信息技术支持服务。疫情期间泛网科技与蓝梦邮轮合作，在国际邮轮信息厂家技术人员无法到现场实施与支持的情况下，凭借多年邮轮信息化规划与实施经验，独立承接了蓝梦邮轮“蓝梦之星号”PMS 系统实施工作，将自主研发的邮轮销售平台、邮轮智能值船、邮轮游客服务系统、邮轮自助系统等与国际系统实现数据对接，并将邮轮信息硬件设备更换为国产设备，信息软硬件国产率提升到 80%，其使用和管理也更符合中国人习惯。

2020 年新冠肺炎疫情发生后，泛网科技组织技术、开发、专业医疗团队、邮轮运营安全官会议讨论疫情防控的解决方案，建立了一套防控信息支撑方案，并开发了邮轮疫情防控安全追踪系统（TSS），实现智能测温、无感测温、密切接触追踪、人员安全密度控制等防控监测功能和后台大数据安全管理功能，支持邮轮安全体系要求，并与主流邮轮运营系统、健康安全系统实现智能对接。

新冠肺炎疫情对全球邮轮行业的冲击是非常大的，数家国际邮轮公司通过出售旗下老旧运力来维持现金流运转，而中国邮轮产业发展却迎来了新的发展契机。疫情期间，数艘中资邮轮涌入中国市场，给中国邮轮信息化的发展注入强大动力。此外，随着科技的发展，信息数字化在提升服务水平、提高客户满意度方面起到了前所未有的作用，邮轮游客的体验从进入公司官网或查看公司小程序认真浏览邮轮产品开始，每一个节点、每一个细节都离不开高质量的个性化服务，信息化系统则是把这些节点连接起来的重要软硬件设施，而新冠肺炎疫情下衍生的无接触服务进一步凸显了信息化服务的重要性，带来了信息数字化、接触感应化、应用场景化、体验沉浸化等系列改变。泛网科技作为中国邮轮产业信息化的先行者，站在行业前端，时刻关注国际邮轮产业的信息化发展，与多家国际公司深入合作，拓展海外业务，不断扩大研发团队，深入邮轮产业链，推动我国邮轮产业的信息化、数字化高速发展。

五、邮轮旅游

（一）同程旅游

访谈对象：孙杰　同程旅游邮轮事业部总经理

访谈内容：

面对新冠肺炎疫情带来的邮轮市场断崖式下跌和巨大影响，同程国际旅行社（以下简称同程旅行）作为国内首屈一指的在线旅行社服务企业，其大数据变化显示短期内邮轮市场难以恢复到疫情前水平，内河邮轮、短线邮轮和水上观光游览成为阶段市场主力。其调研数据表明疫情常态化形势下短期内邮轮消费者出游意愿低，出游受政策、安全等因素影响，对未来邮轮旅游意愿需求强烈，邮轮消费者更关注疫后邮轮安全、健康保障与应急机制。

同程旅行认为，后疫情时代，我国邮轮旅游市场呈现四大趋势。一是内河邮轮的发展和创新。疫后内需市场的增长与产品升级，随着三峡游轮市场的深入和国内游市场的深耕，疫后境外消费者的回流，三峡游客群体覆盖面越来越广，该部分的年龄群体由于经济、认知等各方面的原因，已经从观光旅游上升到休闲体验旅游，除了打卡游需求外，对于深度游、高端游、精品游等行程需求逐渐增加，航线也有了突破和创新，中长线也带动了内河邮轮的产品升级与创新。同时国家大力发展国内经济，特别是对于长江、运河等内河段以及周边附属等提出比较明确的发展要求，也在一定程度上加强了各区域之间的文化、经济等互动，促进了地区之间的经济发展与文化交流；二是消费者定制需求。疫后的安全考虑与内需市场拉动，消费者旅游需求的分级，对小包团、定制游的需求在增长，同时境外游客的回流，消费者体验的高要求也会带动定制需求的趋势上涨；三是中资邮轮的机会与发展。我国邮轮业可借此机会探索后疫情时期中国邮轮产业，结合中国市场邮轮难点进行突破与疫后中国的快速经济发展，政府的政策支持与试点，有机会探索出后疫情时代中国邮轮发展新路线；四是邮轮旅游产品面临重新定位和创新。邮轮旅游复航后，其航线、目的地的选择以及邮轮产品的组成都将可能重新定位。邮轮航线将按照由近及远，由内而外的顺序依次复航，考虑游客群体心理变动与市场环境，邮轮旅游产品的设计需要重新定位，增加必要的主题与文化元素。

中国疫情防控措施得到全球高度认可，中国成功防控新冠肺炎疫情不仅为全世界抗击疫情树立了标杆，也让全球邮轮界看到了邮轮业重振的希望。中国是全球最大的邮轮新兴市场和全球第二大邮轮客源国，全球邮轮界普遍看好疫情后的中国前景、中国机遇和中国发展潜力。随着中资船队规模的扩大及国际邮轮运力的优化，同程旅行认为中资邮轮市场潜力的挖掘可以从四大层面考虑。一是优化邮轮产业政策，政府政策扶持。针对疫情对邮轮产业提出的新课题并结合邮轮产业长期存在的“难点”和“痛点”，从邮轮制造、邮轮运营和邮轮服务三个层面系统地进行问题梳理和制度设计，我国邮轮业可借此机会探索后疫情时期中国邮轮产业，有机会实现“弯道超车”，同时在政策层面也需要国家与政府的扶持与指导；二是产品创新与营销突破。坚持邮轮产品创新，软硬件、航线、玩法、餐饮、体验的创新，学习国外邮轮市场的多年经验，挖掘适合我国邮轮发展的独特路线。探索新的邮轮营销模式，在传统的中国邮轮特色切船分销模式之外，充分挖掘直销、分销、大客户营销、社交电商等多元化多渠道营销方式，完善邮轮旅游营销产业链；三是优化服务与体验。以提高客户整体体验为出发点，优化服务环节，创造匹配品牌承诺的出游体验，以实现良性互动，进而创造差异化的客户感知价值，实现客户对中国邮轮品牌的认知；四是邮轮专业人才的培养。加大产业宣导，带动国家、院校、企业在邮轮人才方面的培养，积极储备邮轮人才，鼓励员工与企业共克时艰，稳定现有邮轮人才。

“十四五”期间，同程旅行针对邮轮业务板块，进行了三大战略思考。一是推动邮轮区域合作，发展邮轮旅游内循环。邮轮自身丰富的产品内容已然形成邮轮即是目的地的概念，但航线、目的地、碎片化产品等的短板也会在疫后有新的突破。在文旅融合和全域旅游引领下，深化邮轮文旅融合发展，丰富邮轮旅游的内容，区域与目的地结合，形成适应市场需要、层级丰富的邮轮旅游产品体系；二是致力邮轮的产品创新，探索多元营销模式。加强邮轮旅游产品创新，激发邮轮旅游需求，新经济形势带来旅游需求的新转变、产业融合成为主流发展趋势和科技赋能驱动邮轮产品新变革。邮轮产业的核心是邮轮旅游产品的文化价值，充分发挥邮轮主体与目的地资源，将资源串联起来，挖掘沿海地区丰富的旅游资源，形成多样化邮轮文化主题，通过多种交通方式组合形成具有特色的旅游产品，增强邮轮旅游向内地的辐射能力，提高对邮轮游客二次消费的吸引力。三是加大正面宣传力度，提振消费者信心。后疫情时期特别是邮轮复航前，对邮轮旅游进行正面的舆论宣传和引导，减少邮轮消费者因邮轮的负面报道而产生的恐慌，为邮轮复航提振市场信心是重要的使命，也希望能得到政府相关部门的支持，我们也将不遗余力地推广邮轮旅游休闲度假方式。

疫情使得中国出境旅游市场发展暂时中断，但出境旅游市场的长期因素保持稳定，出境旅游的发展基础依然强固，我国国民经济依然保持了强劲的韧性和坚定的增长态势，为未来出境旅游打下了经济基础。同时出境目的地和相关市场主体都在积极作为，保护游客、保存元气、保育未来。大型旅游集团、以出境旅行社和OTA为代表的旅行服务业、出境旅游产业生态圈的投资商、资源商、供应商、分销商、代理商和合作伙伴，积极转型，探索疫后旅游业的新常态，并尝试新业态模式与创新，为疫后出境市场的复苏做准备。

（二）上船吧

访谈对象：刘建斌　上海乐船信息科技有限公司、上海星辰国际旅行社有限公司 CEO

访谈内容：

当前我国数家拥有邮轮的中资邮轮公司以央企为主，其运营邮轮受到很大的约束，不能以市场化思路去运作，在船票销售、运营团队配合度等方面，均会受到不同程度的影响。

1. 中国本土邮轮的发展状况

中国早些年本土邮轮试水运营存在严重亏损，主要存在四方面原因：一是二手邮轮购置的价格高昂，买船成本高。二是从邮轮轮机、驾驶，到酒店运营均是采用第三方机构外包模式，第三方机构赚取了大量的运营利润导致邮轮运营亏损，甚至降低了游客邮轮旅游的体验度。三是未形成船队规模效应，单船运营成本太高。四是邮轮运营成本居高不下。五是第三方机构运营管理邮轮普遍采用国外模式，很难打造真正的本土邮轮，同时不利于邮轮公司培养和建立本土化运营管理体系

疫情前，全球二手邮轮交易市场的二手邮轮购置价格高，船少且船龄接近30年；疫情后，得益于国际邮轮公司低价处置旗下老旧运力，我国中资邮轮公司购置了数艘价格远低于疫情前二手邮轮交易市场行情的邮轮，在很大程度上降低了邮轮运营的财务压力。2020年是国际邮轮二手交易市场价格低谷期，诸多邮轮的交易价格接近拆船价，在此期间合理购置了二手邮轮的邮轮公司就邮轮本身价值而言是只赚不亏的，且过了低谷期后邮轮二手交易市场交易价格逐步回暖。

2. 疫情期间公司的业务转型和发展

疫情期间，公司从海洋邮轮板块聚焦到长江游轮市场，突破以往长江游轮产品的单一性，创新打造高品质、高价值的全航线邮轮文旅产品，全方位挖掘地方特色、历史、民俗、文化等，深度体验游轮目的地文化和旅游。

在产品打造过程中，公司遇到的最大阻力之一便是沿线靠泊点码头问题，沿线码头普遍为货运码头，对于小规模的游轮旅游接待意愿不强，主要是因为小规模的游轮游客接待量小，经济效益太低，同时游轮旅游接待在一定程度上会影响货运码头的运营。

交通问题以及对酒店环境的高要求也是限制高端游客深入体验中国内陆一些地区风

景与文化的主要原因，公司希望通过小型高端邮轮的灵活性，以及与之对应的私人景点的建立，让高端游客可以以一种方便快捷的方式到达一般团队游客无法到达的一些地方。

因为疫情，公司的业务做了科学的规划、调整和优化，主要锚定中国中高端旅游客群。除了长江游轮外，公司还开发了“新东方快车”旅游产品，即 Rail Cruising，双人标准间车厢，配置独立卫生间，设计文化性强的豪华火车旅游主题，打造一生值得去一趟的深度旅游体验。

在开展海洋邮轮业务期间，上船吧积累了大量的高端优质客户资源，在组织长江游轮旅游期间很多注重高品质享受的游客反馈，希望开发高质量、体验性强、服务优质的旅游产品。基于此，上船吧在渝沪航线基础上，通过包船的形式试图开发策划了更高端的长江游轮旅游产品。

3. 中国高端邮轮的几个关键点

上船吧公司 CEO 刘建斌认为对于高端邮轮来说，营造仪式感、让游客感觉被尊重是很重要的，而这意味着要把细节做到极致。尽管国际邮轮布局全球市场，但其未必了解中国游客，因而其产品很难在本土市场深入并且扎根。作为一家具备设计研发能力的企业，其在产业链上的位置更加接近游客，因而也更加了解终端游客的需求。餐饮方面，如何根据客源调整餐饮模式、如何将文化融入餐饮设计等问题，都需要细致地考虑；旅游体验方面，高端邮轮应当令游客有一种家的感觉，是一种让游客有归属感、体验感和文化感的产品；船上购物体验方面，对于高端邮轮来说，产品单价并非是关键，重要的是产品背后的文化与内容。经过将以上几个方面改良后将更符合游客需求的文化旅游产品推向市场，才能在抓住市场客源的同时实现品牌效应。

第二篇
国际纵览：全球邮轮市场新动态新格局

一、疫情危机应对

（一）全球邮轮市场全面停航

2020 年初全球新冠肺炎疫情发生，国际有关机构相继出台疫情防控要求，嘉年华邮轮、皇家加勒比游轮、诺唯真邮轮、地中海邮轮、云顶邮轮等在内的多数邮轮公司纷纷宣布了最新政策，包括对全球多条航线的停运通知，全球邮轮市场开启了一段暂时的“停运之旅”。

（二）有关机构疫情防控措施

1. 世界卫生组织

世界卫生组织（World Health Organization，简称 WHO）自 2019 年 12 月便开始密切关注“新型冠状病毒肺炎”病例，2020 年 1 月 5 日向全球网络平台发布病毒情况，提醒世界各地有关部门予以关注，并不断更新发布疾病的预防及控制指导，通报有关 COVID-19 最新情况和研究进展，建议国家及地方启动最高级别的应急管理方案。随着各国逐步恢复国际旅行，世卫组织于 2020 年 12 月 16 日发布《2019 冠状病毒病（COVID-19）背景下对国际旅行采取基于风险的方法的考虑因素》，指导会员各国采取适当措施，减少与国际旅行相关的病毒传播。

在船舶国际航行期间发生 COVID-19 病例之后，世卫组织公布了在船上管理 COVID-19 病例和疫情时应考虑的业务问题，以期避免人员聚集及流动引发的大规模病例发生。

2. 国际邮轮协会

国际邮轮协会（Cruise Lines International Association，简称 CLIA）根据 WHO 及地

方卫生部门有关疫情防控要求，在 2020 年 3 月中旬发布旗下会员单位自愿暂停全球邮轮旅游客运业务通知。

自 COVID-19 疫情发生至今，CLIA 及旗下邮轮公司成员在地方、国家及国际层面进行多方面、多途径合作，旨在促进邮轮市场的复航步伐。其中，CLIA 及旗下邮轮公司成员依据 CDC 发布的邮轮复航有关规定，不断调整其在北美邮轮市场的邮轮复航计划，同时在采取科学有效的措施来保护旅客健康和安全的前提下，呼吁 CDC 取消邮轮有条件航行技术指南。

2020 年 7 月，邮轮公司开始在欧洲、亚洲、南太平洋等市场区域有序复航。

2020 年 9 月 21 日，CLIA 宣布采用健康协议的强制性核心要素，将其作为分阶段、有控制地恢复运营的一部分加以实施。其核心要素包括：

病毒检测：登船前对旅客和船员进行 COVID-19 的 100%的新冠病毒检测。

佩戴口罩：所有乘客和船员在船上或岸上旅游期间，在无法保持身体距离时必须戴口罩。

保持社交距离：在码头、船上、私人岛屿和岸上游期间保持身体距离。

保持通风：通过新风系统管理和通风策略增加船上新鲜空气，在条件可行的情况下可通过使用增强过滤器或其他先进技术保持邮轮通风，以降低风险。

具备医疗能力：为每艘游轮量身定制风险应急预案，确保邮轮的医疗条件和能力，为隔离和其他操作措施分配专用舱室，并提前安排好港口的医疗设施、邮轮检疫以及旅客交通。

严控岸上游：根据邮轮公司有关规定，所有乘客必须严格遵守岸上游览要求和疫情防控规定，船方拒绝任何不遵守规定的乘客登船。

3. 国际海事组织

2020 年 1 月 31 日，国际海事组织（International Maritime Organization，简称 IMO）发布第 4204 号通函，出台了船舶采取预防措施的信息和指南，以最大程度减少 COVID-19 对船舶、乘客和船员造成健康和安全风险。2020 年 2 月 13 日，依据 WHO 防疫要求和应对公共卫生风险的建议，各国采取延迟港口通关或拒绝入境等防疫措施，IMO 及其他海事组织呼吁所有国家尊重船舶"无疫通行"，给予旅客相应的关照，防止对船舶航期造成不当延误、对船员安全和财产安全造成损失，同时船方应高度重视预防疾病的感染和传播。

2020 年 3 月 8 日，IMO 向全球推荐了《船舶船员新冠肺炎疫情防控操作指南（V1.0）》。

2020 年 4 月 2 日，IMO 发布第 4221 号通函，向所有成员国、联系会员、政府间组织和非政府间组织推荐由中国政府提交的《船舶船员新冠肺炎疫情防控操作指南

（V2.0）》，指导全球航运界加强新冠肺炎疫情防控，截至 2021 年 6 月底，我国已更新至《船舶船员新冠肺炎疫情防控操作指南（V6.0）》。

2020 年 8 月 7 日，IMO 为促进邮轮安全有序复航，出台了由欧洲海事局（EMSA）和欧洲疾病预防与控制中心（ECDC）共同编写的《新冠肺炎疫情下欧盟逐步和安全恢复邮轮运营指南》（简称指南），指南聚焦三方面内容，一是建议邮轮公司制订和 COVID-19 疫情防控相关的船舶管理计划，内容涵盖风险评估、应对措施实施和第三方机构核查；二是建议计划接待邮轮靠泊业务的成员国制订 COVID-19 疫情防控的港口管理计划，实施最低限度措施；三是邮轮公司及港口在邮轮航行前达成协议计划，建立详细的 COVID-19 疫情防控程序，由第三方专业机构进行核查。指南旨在促进欧盟、欧洲经济区邮轮市场复航，适用于悬挂欧盟、欧洲经济区旗帜从事国际航行的船舶以及停靠在欧盟、欧洲经济区邮轮港口的船舶。

2020 年 11 月 5 日，世界旅游组织秘书长和 IMO 秘书长发布联合声明，支持 COVID-19 大流行之后各国安全地恢复邮轮运营。

2021 年 3 月 25 日，IMO 联合国际民航组织（International Civil Aviation Organization，简称 ICAO）、WHO、国际劳工组织（International Labour Organization，简称 ILO）发布声明，优先为关键工作人员，即海运船员和空运机组人员接种 COVID-19 疫苗，以保障其安全跨境开展工作。

由于全球主要国家政府实施 COVID-19 疫情旅行限制，给邮轮船员换班造成重大障碍，基于此，IMO 及其他海事组织迅速成立海员危机行动小组，为邮轮船员在邮轮和居住国之间往返提供便利。此外，国际有关海事组织开展了一系列网络研讨会，讨论及制订最佳方案以帮助海员应对 COVID-19 疫情期间面临的挑战。

（三）主要邮轮市场疫情防控措施

1. 北美市场

2020 年年初，在数十艘国际邮轮相继发生 COVID-19 病例后，美国疾病控制和预防中心（Centers for Disease Control and Prevention，简称 CDC）认为邮轮上更容易导致新冠病毒的传播，基于对邮轮游客安全和健康的考虑，2020 年 3 月 14 日 CDC 颁布邮轮禁航令，即禁止载客量超过 250 人、具备过夜功能的客船在美国海域运营。根据疫情形势及 CDC 防控要求，邮轮公司在 2020 年 1—2 月相继宣布暂停北美地区的邮轮运营计划。

2020 年 4 月，CDC 发布邮轮旅客指南，指导旅客及公众应对突发公共卫生事件处置举措。CDC 邮轮禁航令有效期先后延长了三次，2020 年 10 月 30 日取消邮轮禁航令，同步出台并实施《邮轮有条件航行技术指南》（CSO），要求邮轮公司必须经过测试后分阶段有序恢复邮轮运营：①第一阶段：在美国水域建立船员测试实验室；②第二阶段：

邮轮公司进行 15 个航次的模拟航行，以检验邮轮公司控制病毒的能力；③第三阶段：进行邮轮复航认证；④第四阶段：以减轻病毒在人员间传播风险的方式进行载客运营。

2021 年 3 月，美国本土两家邮轮公司在遵循载客量不超过 250 人的规定下复航，国际邮轮公司按 CDC 指令框架，积极备战邮轮复航。

2021 年 4 月，CDC 发布了不同疫苗接种情况下的邮轮复航的两条路径，一是当 98% 的船员和 95% 的乘客接种疫苗，邮轮即可直接申请复航；二是邮轮公司可与多个港口签订防疫协议，即如果某一个港口的医疗、住宿能力有限，附近的其他港口可以补充（需得到国家卫生主管部门批准）。

2021 年 6 月 16 日，CDC 将邮轮旅行的警告等级从最高级别的 4 级降至 3 级，并调整对旅客是否接种疫苗的相关规定。

加拿大将邮轮禁航令延期到 2022 年 2 月 28 日，为此部分邮轮公司宣布取消 2021 年北美市场复航计划，但于 2021 年 7 月中旬表示运营商如果可以遵照公共卫生要求，2021 年 11 月 1 日起邮轮禁航令将不再有效。

截至 2021 年 6 月底，地中海邮轮已获批于 2021 年夏季在美国复航，皇家加勒比旗下“海洋自由号”成功进行模拟航行，获得了美国 CDC 颁发的有条件航行证书，将领跑北美市场，嘉年华、挪威等邮轮公司也披露了更多复航细节，但 CDC 和邮轮公司会随疫情和复航形势做出调整，以期安全、有序地恢复运营。

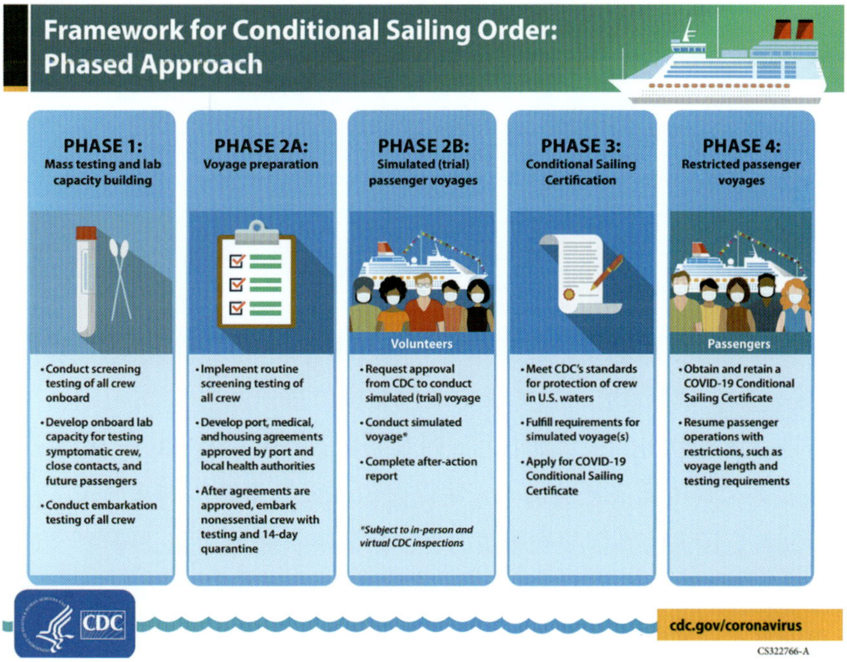

图 2-1　有条件航行指南概要

资料来源：CDC 官网

2. 澳新市场

2020 年 3 月 18 日，澳大利亚政府颁布国际旅行限令，限制包括邮轮入境等在内的国际旅行活动。2020 年 3 月 19 日“红宝石公主号”结束其往返澳大利亚和新西兰的 12 天航行后，国内 COVID-19 病例增多，澳大利亚政府加强其旅行限令，并于 2020 年 3 月 27 日起推出邮轮禁航令，即任何悬挂外国国旗的邮轮不得进入澳大利亚水域（少数例外）。禁令原定于 12 月 17 日解除，但因其圣诞节前后 COVID-19 的病例激增，2021 年 3 月 17 日将旅行禁令延期至 2021 年 6 月 17 日后又延迟至 2021 年 9 月 17 日，届时可能再度延长。

目前获准在澳大利亚运营的只有当地小型探险邮轮，载客量 100 人左右。

新西兰自 2020 年 3 月至 2021 年 6 月底尚未有邮轮复航，政府表示邮轮无限期禁止进入该国。

嘉年华集团、皇家加勒比集团、挪威邮轮集团等邮轮公司因澳新旅游限制，不断调整在澳新地区的运营计划。冠达邮轮公司取消了 2022 年之前澳新地区的航行计划。CLIA 目前与澳大利亚政府合作，制定一个国内旅行框架，旨在恢复澳大利亚地区的邮轮旅游。新西兰邮轮协会也呼吁政府放宽限制，期望先行恢复国内邮轮运营。澳大利亚和新西兰有关部门不断交涉，以期恢复两地邮轮旅游。

3. 英国市场

自 2020 年 3 月起，英国政府发布旅游警告，限制受到疫情影响的国家公民进入英国区域旅行，并严格要求本国民众停止所有非必要的国际旅行。面对因疫情而滞留的国际邮轮旅客，英国外交部努力协调，将邮轮上滞留的旅客撤回国内。

2020 年 10 月 2 日，英国政府发布针对旅客、邮轮公司、海员应对 COVID-19 的详细指南。

时隔一年，因 COVID-19 疫情而停摆的邮轮旅游迎来复航曙光。英国政府推出一套“红绿灯”系统，即把旅行目的地国家分为红色、琥珀色、绿色三个级别，并不断更新公布新的“红绿灯”国家及旅行规则细节。其中：①针对英国本地居民，不得前往“红色”国家；持有 COVID-19 检测证明或持有疫苗接种证明可出国旅行，从“绿灯”国家回来需进行新冠检测，从“琥珀色”国家回来需提供 COVID-19 检测证明和隔离。②针对国外旅客，其所属或抵英前十天内路过“红绿灯系统”列表国家，检疫规则不同，若是所属红灯国家，则需要在抵英时在酒店隔离；若是所属“绿色”和“琥珀色”国家，十天内未路过“红灯”国家，则需抵英前三天内进行 COVID-19 检测或抵英后进行，并根据是否接种疫苗，进行相应的酒店隔离或自我隔离等检疫措施。

邮轮停航 14 个月之后，地中海邮轮 MSC Virtuosa 于 2021 年 5 月 20 日从南安普顿起航，标志着英国邮轮市场的重启，P&O 邮轮于 6 月 27 日为接种疫苗的乘客提供了往返英国的邮轮旅游。迪士尼邮轮、冠达邮轮、名人邮轮等邮轮公司也相继提供往返英国的邮轮航行。此外，邮轮公司将在遵循健康协议的前提下，于 8 月恢复国际航行。

4. 欧洲市场

自 COVID-19 疫情发生，欧洲国家陆续实施暂时限制出入境防控政策，邮轮旅游相继停摆，随着疫情渐趋平缓，各国相继解封。欧盟联合邮轮业内专家于 2020 年 6 月 30 日公布了《欧盟健康门户指南 1.0》，邮轮公司根据该指南，制定了严格的防疫措施，通过控制上座率、进行全员核酸检测、保持安全距离、定期消毒以及佩戴口罩等方式确保船员和旅客的安全。在此基础上，地中海邮轮、歌诗达邮轮、途易邮轮、爱达邮轮等邮轮公司旗下邮轮在 2020 年欧洲地区实现复航，仅接受申根国区域的旅客。随着疫苗的进一步普及，欧盟放宽旅行限制，MSC 邮轮、皇家加勒比游轮、嘉年华等邮轮集团旗下邮轮遵照国际和地区安全协议下，于 2021 年夏季相继恢复欧洲邮轮运营。

5. 亚洲市场

受 COVID-19 疫情影响，中国、韩国、日本、新加坡等在内的亚洲国家及地区为防止疫情蔓延，相继出台旅行限制。邮轮公司按照各国出台的限制出入境业务通知或政策全面暂停了在亚洲区域的邮轮运营业务，同时遣返世界各地的旅客和船员。在防疫期间，云顶邮轮集团率先公布了引领邮轮界的邮轮防控细则，同时联合我国交通协会邮轮游艇分会（CCYIA）进一步推出《邮轮行业新冠肺炎防控与应急响应白皮书》，针对突发公共卫生事件构建科学、实用的风险评估方法和应急响应程序。日本受“钻石公主号”大规模病例影响，将围绕邮轮运营存在的责任不明确等应对问题开展调查和研究，以期制定新的国际规则。

截至 2021 年 6 月底，已有云顶邮轮集团、皇家加勒比游轮集团旗下邮轮在遵循严格的防疫细则下恢复中国台湾、新加坡等公海航线。中国大陆沿海还未恢复国际邮轮旅游，邮轮公司取消了 2020 年及 2021 年在中国大陆始发的国际邮轮航线。

二、邮轮集团运营

2020 年初全球 COVID-19 疫情发生，嘉年华邮轮、皇家加勒比游轮、诺唯真邮轮、地中海邮轮、云顶邮轮等多数邮轮公司纷纷宣布了最新政策，包括对全球多条航线的停运通知，全球邮轮市场开启了一段暂时的“停运之旅”。国际主要邮轮集团为应对新冠疫情，及时根据自身实际运营情况进行相应调整，包括依据自身实际和所处国家或地区的疫情防控政策，采取一些疫情防控措施；对员工及船员工作安排以及邮轮运力方面进行了适当的变化。综合来看，邮轮集团应对新冠疫情的主要工作调整如下：

（一）邮轮停航政策

2020 年初暴发 COVID-19 疫情后，在各国政府和国际有关机构的防疫防控政策下，各邮轮集团相继官宣停航信息，全球邮轮市场全面进入停摆状态；官方通知最新的船票退改政策，并联系经销商或乘客办理船票退改业务。

嘉年华集团、皇家加勒比集团、挪威邮轮集团、地中海邮轮公司、云顶香港集团等邮轮公司统一发布最新船票退改政策，主要分为两种情况：一是如果邮轮航线被邮轮公司取消，或由于政府命令或宣布公共卫生紧急情况而导致登船延误 24 小时或以上，乘客有权在 180 天内要求全额退款，或获得可选的未来邮轮信用额度；二是乘客主动取消在宣布的突发公共卫生事件期间的邮轮的预订，或者由于政府旅行限制禁止乘客前往该船而必须取消预订，但邮轮航线并未取消，乘客有权向未来邮轮信用额度（简称 FCC）申请全额退款，其他情况下，按照标准取消政策进行处理。

截至 2020 年底，据相关邮轮公司统计，嘉年华集团处理了数十亿美元的乘客退款和邮轮信贷事项；皇家加勒比集团拥有 18 亿美元的客户存款，其中 50% 与 FCC 有关，邮轮停航后取消航行预订的旅客中 53% 的客群要求退款，而 2021 年新增约 75% 邮轮预订，其中 25% 的预订是由 FCC 的兑换和“升降机”计划产生的；挪威邮轮集团半数以上的客户选择现金退款，据悉预售票务收入约为 18 亿美元，其中包括 8.5 亿美元的已取消服务和 3.5 亿美元的未来预订；云顶香港邮轮公司 2020 年营业额下跌 69%，净额亏损至少 15 亿美元。

（二）疫情防控措施

COVID-19 疫情发生后，为保障旅客与船员人身安全，邮轮公司第一时间启动邮轮防疫的应急预案，并制订针对 COVID-19 疫情的防控方案，全面升级邮轮卫生安全。其中主要邮轮公司邮轮运营防控措施如下：

1. 嘉年华集团

嘉年华集团针对 COVID-19 制定了乘客协议，包括筛查措施、医疗中心和加强的卫生程序，以防止病毒的传播，并且与 CLIA 其他成员实施一套健康协议，该协议将根据 COVID-19 疫情的现状以及新的预防、治疗和缓解措施的可用性进行持续评估和调整，主要包括以下方面：①检测：在登船前对乘客和船员进行 100% 的新冠病毒检测；②口罩：当无法保持身体距离时，船上所有乘客和船员都必须戴口罩；③距离：在码头、船上、私人岛屿和海岸旅行期间保持物理距离；④通风：空气管理和通风策略，以增加船上的新鲜空气，并在可行的情况下使用增强过滤器和其他技术来降低风险；⑤医疗能力：为每艘船量身定制基于风险的应对计划，以管理医疗需求，为隔离和其他业务措施分配专用机舱容量，并推进与私人供应商的岸边检疫、医疗设施和运输安排；⑥岸上旅游：仅允许根据游轮运营商规定的协议进行岸上旅游，要求所有乘客严格遵守，拒绝任何不遵守规定的乘客重新登机。

嘉年华集团旗下的歌诗达邮轮和爱达邮轮分别于 2020 年 9 月和 2020 年 10 月在欧洲复航。为确保航行安全，与医学和科学专家以及国家和全球当局协调，为爱达邮轮和歌诗达邮轮制定了强化的健康和安全协议，主要包括六个方面，具体内容如下：

健康筛查、疾病监测与健康教育。①所有客人和船员在登船前都必须进行新冠病毒检测呈阴性；②所有上船的客人和船员都将根据现行健康最佳做法，如健康问卷和免触摸体温检查，接受强化的上船前健康筛查；③高危人群将接受医务人员的额外健康评估；④游轮期间酌情为客人和船员进行健康检查；⑤船上疾病快速反应和接触者追踪计划。

环境卫生。①经常使用安全消毒剂，已被证明可以快速杀死新型冠状病毒；②与疾控中心协调制定清洁和消毒规程，更频繁地对特等舱和公共场所进行消毒；③船舶和码头在两次巡航之间进行更彻底的消毒；④使用被证明对冠状病毒和其他细菌有效的新兴和先进技术扩大消毒方法。

客人体验。①通过调整团队的流程、时间和规模，为所有客人和船员负责保持物理距离；②当无法保持身体距离时，所有客人和工作人员都必须戴口罩；③手部卫生：位于全船交通繁忙地区的额外洗手设施和洗手站；④健康信息：定期提供健康提醒，提醒如何在船上和岸上保持健康。

卫生保健。①配备一支训练有素的医务人员团队，包括有护理医疗条件经验的合格医生和护士；②拥有门诊和住院设施的医疗中心，包括重症监护能力；③为感染控制最佳做法而修改的医疗中心，包括 100% 新鲜空气供应的专用空气处理系统和 HEPA 排气过滤；④改善新冠病毒临床结果的船上药物；⑤更新船上的新冠病毒检测能力，允许采取有效和快速的反应行动；⑥准备需要的专用隔离和隔离室；⑦持续对医务人员进行管理新冠病毒病例的最新临床护理实践的培训和教育；⑧与当地和区域岸上医疗提供商的伙伴关系和预先安排；⑨培训在职人员，以监测卫生措施的遵守情况；⑩对所有船员进行新冠病毒健康规程的培训。

通风系统。①升级全船队的空气系统，包括最大限度地利用新鲜空气，并纳入高效空气过滤系统和最先进的空气处理技术，以消除任何剩余的颗粒物或病原体；②特别注意医疗中心和专用隔离室等关键区域的 HEPA 过滤系统。

与当地利益相关者的伙伴关系。①与当地卫生当局、目的地和其他关键利益相关者合作，确保我们加强的健康和安全协议保持一致，包括由每个品牌管理并遵循严格授权的指南的海岸游览；②监控我们访问目的地的新冠病毒活动和健康法规，并根据需要调整行程。

2. 皇家加勒比集团

皇家加勒比集团为应对COVID-19疫情成立了健康航行小组，任命Calvin Johnson博士为全球主管、公共卫生和首席医疗官，制定适当的防控措施与计划。健康航行小组为改善客人、船员的健康和安全，减少感染和在邮轮上传播COVID-19的风险，确定了应解决的五个重点领域：①测试，筛选和减少接触；②卫生与通风；③响应，应急计划和执行；④目的地和游览计划；⑤减轻船员的风险。

针对需解决的重点领域，皇家加勒比集团提出了切实可行的建议，主要包括：①采取积极措施，在登船前对船员和客人进行严格的教育，检查和测试，以防止COVID-19的严重急性呼吸综合征冠状病毒2型（SARS-CoV-2）进入船舶；②通过空气管理策略和加强卫生习惯减少传播；③实施详细计划以应对船上的积极感染，包括在船上进行治疗，隔离以及快速撤离和遣返的应急措施；④严密控制岸上游览；⑤加强对船员的保护。

3. 挪威邮轮集团

挪威邮轮集团在危机初期，主动取消或修改了在亚洲的航行，调整了在世界各地的登船和卫生协议，并联合皇家加勒比集团一起组建健康航行小组，领导行业提高健康和安全标准。

4. 地中海邮轮公司

地中海邮轮公司首次提出“安全泡泡航行”概念，成立了蓝丝带新冠病毒专家组，负责提供信息和审查，以确保采取的行动是适当、有效的，并借鉴现有的最佳科学和卫生实践。此外，还成立了一个由医疗服务、公共卫生和酒店服务、暖通空调和其他船上工程系统、信息技术和物流领域的内部专家组成的跨职能工作队，聘请了领先的全球医疗保健提供商Aspen Medical，提供以客人为中心的技术支撑。地中海邮轮上的每位客人和船员都将获得免费的MSC for Me腕带，该腕带有助于船上非接触式交易，并提供接触和近距离追踪。为保障船上乘客的安全出行，地中海邮轮公司的健康与安全措施主要包括以下方面：

· 预订时：要求所有客人提供所有必要的信息；乘船前预订的预付费船上套餐可帮助客人避免排队，确保位置并节省资金；网上办理登船手续以接收邮轮票、旅行证件和健康调查表。

· 登船时：对所有客人进行健康和COVID-19筛查，包括COVID-19拭子测试、健康问卷和非接触式温度检查；设计新的流程以及指定的到达时间和更强的卫生措施；拒绝任何显示生病迹象的住客登船或暴露于COVID-19的情况下（登船前14天）。

· 负责的社交距离：对公共区域的活动和个人娱乐行为加强管理，采用预定制度；

在除餐厅、酒吧、休息室和甲板外的公共场所落座时都需要佩戴口罩；在醒目位置为乘客提供相关防疫信息。

·先进的卫生和清洁标准：新的清洁方法包括使用医院级消毒剂、静电喷雾器、增加清洁频率以及将重点放在交通频繁、经常触摸的区域；客舱每天清洁，且每次巡游结束时要加深卫生设施的消毒；向所有客舱和公共场所提供100%新鲜的外部空气，没有再循环；船舶周围配备手动消毒分配器；

·完善的医疗中心：航行期间，所有客人每天都要进行非接触式温度检查，如果出现类似感染症状，医疗中心提供免费治疗；配备完善的医疗中心，包括COVID-19测试设备、呼吸机和训练有素的工作人员；在怀疑或确认COVID-19的情况下将启动全面的隔离程序和与地方当局的响应计划；

·训练有素、设备齐全且健康的船员：广泛的筛查和医学检查，包括除出发前的日常健康监测和体温检查外的登机前COVID-19测试；有关新的增强协议和防护设备使用的全面培训；船员遵循正确的洗手习惯，并佩戴口罩和手套等防护设备。

地中海邮轮公司对乘客船上体验的过程进行了一定的规范与安排：

·登船时：重新设计了登船流程，并在邮轮票中注明了指定的到达时间，以最大限度地减少接触并实现负责任的社交疏导；码头和舷梯区域将按照与船上相同的高标准彻底清洁和消毒；在登船期间和在航站楼内时，将被要求戴上口罩以符合当地法规；乘客的手提行李将被消毒；上下客不会走同一条步行路径。

·餐厅、酒吧和酒廊：调整了服务和座位布局，以实现社交疏散，所有餐点和饮料都将在餐桌上提供；自助餐厅将暂时无法提供自助服务，船上工作人员将提供餐点和服务；可以通过扫描QR码从个人移动设备访问餐厅和酒吧菜单获得非接触式体验；坐在餐厅、酒吧和休息室时，无须戴口罩，仅在进入会场时才需要戴口罩；为了最大限度地降低风险，MSC邮轮公司对餐饮服务的订购、准备、交付、消费和付款流程进行了调整。

·岸上旅游：船方会持续监控全球健康状况，并随时准备在需要时修改旅游路线；并且完全遵守所有地方港口和卫生当局法规，仅在地方当局和卫生组织认为已经安全清除的港口内停靠。

·娱乐活动：可以免费预订包括表演、娱乐和儿童俱乐部在内的各种活动；由于剧院的容量减少，以确保负责任的社交疏散，因此娱乐时间将延长，乘客可以享受多种屡获殊荣的表演；每次使用后，所有娱乐和体育设备、健身器材、玩具、游戏和儿童俱乐部设备都将消毒。

·室外区域和泳池：所有开放式甲板都将开放，游泳池、旋涡浴池和水上公园将减少使用，以减少社交距离；日光浴浴床将成群分布，每次使用后都会对所有户外家具进行消毒，并且每晚都会进行更深的消毒。

· 宾客服务和尖端技术：为了便于在排队的同时轻松查找信息，建议乘客使用船上新信息中心，该信息中心可提供电话和数字服务，例如 MSC for Me（移动应用，交互式触摸屏，舱内智能电视）；强烈建议使用电子付款。

5. 云顶邮轮集团

为了应对新冠疫情，云顶邮轮集团在公司范围内积极实施严格的健康和安全措施，遵守政府准则。公司所有员工和乘客严格遵守关于 COVID-19 管制措施发布的标准操作程序和监管准则，主要防控要点如下：

员工：①每天进行强制性体温筛查；②所有员工（包括第三方员工和承包商）定期接受严格的 COVID-19 筛查和测试制度；③为员工提供适当的个人防护用品；④办公设备每天至少消毒两次。

客人：①用于在每个入口点进行温度检测的热扫描仪；②在整个度假村的关键入口点和交通繁忙区域设置洗手站；③部署服务大使，指导客人了解相关安全措施，并确保始终保持身体距离；④手推车每次使用前消毒。

度假村：①客房和公共区域每天经常进行清洁和消毒；②地板、排队、电梯和收银台上的分界，以保持身体距离；③所有餐厅的备用座位安排。

2021 年 4 月，云顶邮轮集团公布全新的防控细则，细则包括船上正在进行的持续消杀清洁措施，以及复航后将进行的行前筛查、客房区域、公共区域、食物卫生、休闲娱乐活动、船员防护等八个方面防控措施，其中部分措施将成为未来邮轮运营的常态化操作。

（三）邮轮船员安排

自 COVID-19 疫情发生以来，邮轮集团为减少集团开支，对公司人力资源方面进行了部分调整，采取了裁员计划、减少员工福利等措施。截止到 2020 年底，主要邮轮公司船员安排如下：

嘉年华集团：遣返了 29 万船员，并削减了船员各种福利政策与工资。

皇家加勒比集团：制订了船员遣返计划和裁员计划，遣返船队所有非必要船员，裁员率 26%，其中大部分员工是永久性裁员，小部分是暂时休假保留员工福利，同时对皇家加勒比集团高层管理人员降薪 25%。

挪威邮轮集团：遣返了全球 120 多个国家的 24 000 多名船员，缩短工作周，减少工作时间，并采用裁员和降薪手段来削减集团成本，据悉，挪威邮轮集团将岸上员工的工资削减 20%。

云顶邮轮集团：通过裁员降薪的方式缩减运营成本，推出自愿减薪计划，将中阶管理层以上的员工薪资削减 20%~50%，初级职员不受减薪影响，这一计划获得 90% 的管理人员响应。

（四）公司运力调整

2020 年，受新冠疫情影响，全球邮轮市场停摆，对邮轮公司及关联企业冲击巨大。为减少邮轮停航带来的经济损失活动，多数邮轮公司通过出售旗下邮轮品牌或老旧船舶来获得大量流动现金维持集团财务状况，部分邮轮公司在历经长时间的严重亏损后以破产方式退出邮轮市场。

据 CLIA 不完全统计，2019—2021 年间，预计有 31 艘邮轮停止邮轮旅游客运服务，客位减少 49 105 人，但缩减量将会被 2021 年新增的 8 艘船只的 34 312 客位抵消。到 2021 年底，全球海洋邮轮船舶的总载客量将达到 581 200 人，船队规模达 323 艘，比新冠肺炎疫情发生前（2019 年）下降了 7.8%。

表 2-1 2018—2021 年全球主要邮轮集团船队规模

邮轮公司	品牌	2018年		2019年		2021年	
		船舶数量/艘	客位量/客位	船舶数量/艘	客位量/客位	船舶数量/艘	客位量/客位
嘉年华集团	Carnival Cruise Line	26	69 890	26	69 890	24	69 660
	Princess Cruises	17	45 180	17	45 180	14	42 570
	Holland America Line	15	26 022	15	26 022	10	20 046
	Seabourn Cruises	5	2558	5	2588	5	2558
	P&O Cruises（Australia）	5	7710	5	7710	3	7234
	Costa Cruise	14	34 847	14	34 874	12	30 646
	AIDA Cruises	13	30 212	13	30 212	14	34 270
	P&O Cruises（UK）	7	17 311	7	17 311	6	18 971
	Cunard	3	6712	3	6712	3	6712
	CSSC Carnival Cruises	—	—	—	—	2	4228
	Total	105	240 442	105	240 499	93	236 895
皇家加勒比集团	Royal Caribbean International	25	82 500	26	87 150	25	86 774
	Celebrity Cruises	13	26 070	14	26 220	14	29 117
	Azamara Club Cruises	3	2100	3	2100	—	—
	Silversea Cruises	9	2650	8	2450	9	3900

续表

邮轮公司	品牌	2018年		2019年		2021年	
		船舶数量/艘	客位量/客位	船舶数量/艘	客位量/客位	船舶数量/艘	客位量/客位
皇家加勒比集团	TUI Cruises	6	14 750	7	17 600	7	18 058
	Pullmantur	4	7450	3	6050	—	—
	Hapag-Lloyd Cruises	—	—	—	—	5	1539
	Total	60	135 520	61	141 570	60	139 388
挪威邮轮集团	Norwegian Cruise Line	16	46 930	17	50 498	17	50 498
	Oceania Cruises	6	5264	6	5264	6	5264
	Regent Seven Seas Cruises	4	2600	4	2600	5	3384
	Total	26	54 794	27	58 362	28	59 146
云顶邮轮集团	Dream Cruises	3	8608	3	8608	3	8608
	Crystal Cruises	2	1828	2	1828	3	2028
	Star Cruises	4	4275	4	4275	4	4275
	Total	9	14 711	9	14 711	10	14 911
地中海邮轮公司	MSC Cruises	15	47 782	17	57 150	18	61 992

资料来源：邮轮集团年报，2021.

注：截至 2021 年 6 月底，由于疫情影响，2020—2021 年部分邮轮集团船队发生较大调整，故表格中不包含 2020 年船队信息。

表 2-2　2018—2021 年全球主要邮轮集团运力市场份额

邮轮公司	2018年		2019年			2021年			
	船舶数量/艘	载客量/客位	船舶数量/艘	载客量/客位	同比增长	船舶数量/艘	载客量/客位	同比增长	市场份额
嘉年华集团	105	240 442	105	240 499	93	236 895	105	-4.86%	40.76%
皇家加勒比集团	60	135 520	61	141 570	60	139 388	139 388	-1.54%	23.98%
挪威邮轮集团	26	54 794	27	58 362	28	59 146	26	1.34%	10.18%
云顶邮轮集团	9	14 711	9	14 711	10	14 911	9	1.36%	2.57%
地中海邮轮公司	15	47 782	17	57 150	18	61 992	15	8.47%	10.67%

资料来源：邮轮集团年报 2020，邮轮集团官网 .

注：由于疫情影响，2020—2021 年部分邮轮集团船队发生较大调整，故表格中不包含 2020 年船队信息。

1. 嘉年华集团

根据嘉年华集团统计，在 COVID-19 疫情期间嘉年华集团旗下出售了旗下 19 艘邮轮，削减了 13% 的运力，并且延迟了 16 艘新船的交付；同时，嘉年华邮轮集团努力调整岸线作业规模，进一步降低运营成本，专注提高邮轮作业的效率，希望通过未来交付的新船获得额外的单位成本结构效益。

截至 2021 年 6 月，依据嘉年华集团官网和各品牌官网信息，嘉年华集团旗下拥有 9 个全资邮轮品牌和一个合资品牌（即中船嘉年华邮轮），共运营 93 艘邮轮，邮轮运力合计 236 895 客位。其中嘉年华邮轮运营邮轮 24 艘，邮轮运力 69 660 客位；爱达邮轮运营邮轮 14 艘；P&O 邮轮（英国）运营邮轮 6 艘，邮轮运力 18 971 客位；P&O 邮轮（澳大利亚）运营邮轮 3 艘，邮轮运力 7234 客位；荷美邮轮运营邮轮 10 艘，邮轮运力 18 971 客位；冠达邮轮运营邮轮 3 艘，邮轮运力 6712 客位；歌诗达邮轮运营邮轮 12 艘，邮轮运力 30 646 客位；公主邮轮运营邮轮 14 艘，邮轮运力 42 570 客位；世邦邮轮运营邮轮 5 艘，邮轮运力 2558 客位；中船嘉年华邮轮运营邮轮 2 艘，邮轮运力 4228 客位。

2. 皇家加勒比集团

皇家加勒比集团以 2.01 亿美元的全现金交易方式出售其旗下精钻邮轮品牌，该交易包括品牌旗下的三艘邮轮和相关的知识产权；皇家加勒比国际游轮品牌出售旗下“海洋皇后号”和“海洋帝王号”两艘邮轮；旗下铂尔曼邮轮品牌于 2020 年申请破产重组；同年，皇家加勒比集团旗下合资公司 TUI Cruises 收购 Hapag-Lloyd Kreuzfahrten，与皇家加勒比游轮有限公司合资成立赫伯罗特邮轮品牌。

截至 2021 年 6 月，皇家加勒比集团旗下全资品牌及合资品牌共运营 60 艘邮轮，邮轮运力合计 139 388 客位。其中皇家加勒比国际游轮旗下运营 25 艘邮轮，邮轮运力 86 774 客位；精致邮轮旗下运营 14 艘邮轮，邮轮运力 29 117 客位；银海邮轮旗下运营 9 艘邮轮，邮轮运力 3900 客位；途易邮轮旗下运营 7 艘邮轮，邮轮运力 18 058 客位；赫伯罗特邮轮旗下运营 5 艘，邮轮邮轮运力 1539 客位。

3. 挪威邮轮集团

挪威邮轮集团拥有三个邮轮品牌，在疫情期间均未削减邮轮运力，相反，2020 年，挪威集团旗下丽晶七海邮轮品牌船队新增一艘“七海奇观号”邮轮，并预计到 2027 年将新增 9 艘新一代邮轮，拟增加约 83 000 床位的邮轮运力。

截至 2021 年 6 月，挪威邮轮集团旗下全资品牌共运营 28 艘邮轮，邮轮运力合计 59 146 客位。其中挪威邮轮旗下运营 17 艘邮轮，邮轮运力 50 498 客位；大洋邮轮旗下运营 6 艘邮轮，邮轮运力 5264 客位；丽晶七海邮轮旗下运营 5 艘邮轮，邮轮运力 3384 客位。

4. 地中海邮轮公司

地中海邮轮公司在疫情发生以来，没有出售或退役任何邮轮的计划，品牌旗下邮轮保有量仍为 17 艘。在 2021 年 2 月地中海邮轮船队新增 MSC Virtuosa，“地中海华彩号”（MSC Virtuosa）和“地中海海际线号”（MSC Seashore）即将于 2021 加入地中海船队。据悉，MSC Virtuosa 的首航巡航计划推迟到 8 月 1 日。

截至 2021 年 6 月，地中海邮轮公司旗下经营地中海邮轮品牌，地中海邮轮旗下运营 18 艘邮轮，邮轮运力 61 992 客位；其邮轮船队包括 Lirica 系列、Musica 系列、Fantasia 系列、Meraviglia 系列、Meraviglia Plus 系列和 Seaside 系列。

5. 云顶邮轮集团

云顶邮轮集团旗下邮轮规模未出现大的变动，目前旗下邮轮船队服役邮轮 10 艘。根据云顶香港邮轮公司官网信息，2022 年星梦邮轮品牌旗下将加入全新邮轮“环球梦号”，彼时邮轮运力将增加 900 客位以上；丽星邮轮品牌也在积极研发新一代邮轮，未来将会逐渐替代老旧船只；水晶邮轮将推出钻石级邮轮。

截至 2021 年 6 月，丽星邮轮品牌共运营 4 艘邮轮，邮轮运力 4275 客位，星梦邮轮品牌共运营 4 艘邮轮，邮轮运力 8608 客位，两个品牌主要运营亚太地区中短航线；水晶邮轮品牌运营 3 艘国际邮轮，邮轮运力 2028 客位，主要运营全球中长航线。

（五）公司财务动态

1. 嘉年华集团

依据 2018—2020 年嘉年华集团年报披露，疫情前，嘉年华集团财务状况整体较为平稳，在疫情影响下，财务波动较大，集团商业信誉由 2018 年、2019 年的 19.25 亿美元和 29.12 美元下降到 8.07 亿美元。此外，嘉年华集团因处置大量固定资产，其流动资产由 2018 年、2019 年的 22.25 亿美元和 20.59 亿美元暴涨到 105.63 亿美元；为缓解运营财务困境，嘉年华集团通过各种融资方式筹措资本，其长期负债由 2018 年、2019 年的 78.97 亿美元和 96.75 亿美元暴增到 221.30 亿美元，总负债高达 330.38 亿美元。

2020 年，新冠疫情让各大邮轮集团暂停邮轮客运业务，嘉年华集团除年初运行的航次外，3 月份中旬开始暂停运营至 9 月份，集团亏损达 102.36 亿美元。嘉年华集团主要收入来自船票收入，2018 年邮轮业务总收入 188.81 亿美元，其中船票收入 139.30 亿美元，船上消费 49.50 亿美元，约占总收入的 26%；2019 年邮轮业务总收入 208.25 亿美元，其中船票收入 141.04 亿美元，船上消费 67.21 亿美元，约占总收入 32%；受疫情影响，2020 年邮轮业务总收入仅 55.95 亿美元，其中船票收入仅 36.84 亿美元，船上消费 19.10 亿美元。

表 2–3　2018—2020 年嘉年华集团邮轮运营相关数据表（1）（单位：百万美元）

年份	2018年	2019年	2020年
收入			
邮轮			
船票收入和其他	13 930	14 104	3684
船上收入和其他	4950	6721	1910
岸上收入和其他			
	18 881	20 825	5595
运营成本			
邮轮			
佣金、交通和其他	2590	2720	1139
船上成本和其他	638	2101	605
薪资及相关	2190	2249	1780
燃油费用	1619	1562	823
食品成本	1066	1083	413
船舶及其他减损	16	16	1967
其他运营成本	2971	3167	1518
岸上成本	180	268	—
总成本	11 089	12 909	8245
销售和管理费用	2450	2480	1878
折旧和摊销	2017	2160	2241
商誉商标减值	—	—	2096
总费用	15 556	17 549	14 460
运营收入	3325	3276	–8865
非运营收入	118	215	1388
税前收入（损失）	3207	3060	–10 253
所得税（净额）	–54	–71	17
净利润	3152	2990	–10 236

资料来源：嘉年华集团年报，2020.

表 2-4　2018—2020 年嘉年华集团邮轮运营相关数据表（2）

明细	2018年	2019年	2020年
邮轮乘客接待量（千人）	12 400	12 900	/
邮轮运力（床位）*	237 000	249 000	/
邮轮数量（艘）	104	104	/

资料来源：嘉年华集团年报，2019.

注：* 邮轮运力 = 邮轮舱房数量 ×2

2020 年因新冠疫情影响，该组数据尚未公布，故不包含在表中。

2. 皇家加勒比集团

依据 2018—2020 年皇家加勒比集团年报披露，疫情前，皇家加勒比集团财务状况整体较为平稳，在疫情影响下，财务波动较大，集团商业信誉由 2018 年、2019 年的 13.78 亿美元和 13.85 美元下降到 8.09 亿美元。此外，皇家加勒比集团因处置部分固定资产，其流动资产由 2018 年、2019 年的 12.42 亿美元和 11.62 亿美元暴涨到 43.11 亿美元；为缓解运营财务困境，皇家加勒比集团通过各种融资方式筹措资本，其长期负债由 2018 年、2019 年的 83.55 亿美元和 84.14 亿美元暴增到 2020 年的 179.58 亿美元，总负债高达 237.04 亿美元。

皇家加勒比集团年报披露，皇家加勒比集团 2018 年邮轮运营业务总收入约为 94.94 亿美元，净收入为 18.16 亿美元；2019 年总收入约为 109.51 亿美元，净收入达到 19.08 亿美元；2020 年，受新冠疫情冲击，集团总收入仅为 2019 年的 1/5，即 22.09 亿美元，净收入 −57.75 亿美元。其中主要收入来自船票收入，2018 年船票收入达到 67.93 亿美元，占总收入的 71.5%，船上消费达到 27.01 亿美元，占总收入的 28.5%；2019 年船票收入达到 78.57 亿美元，船上消费达到 30.94 亿美元，约占总收入 28.3%；2020 年船票收入达到 15.04 亿美元，船上消费达到 7.04 亿美元，约占总收入 31.9%。此外，可供邮轮乘客日数（APCD）从 2018 年的 38 425 304 天增加到 41 432 451 天，邮轮乘客接待量从 6 084 201 人次增长到 6 553 865 人次，邮轮上座率超过 108%。总体而言，2018 年—2019 年皇家加勒比集团始终保持着稳健的步伐向前迈进。

表 2-5　2018—2020 年皇家加勒比集团邮轮运营相关数据表（1）（单位：千美元）

年份	2018年	2019年	2020年
船票收入	6 792 716	7.857 057	1 504 569
船上收入和其他	2 701 133	3 093 604	704 236
总收入	9 493 849	10 950 661	2 208 805
邮轮运营成本			
佣金、交通和其他	1 433 739	1 656 297	344 625
船上成本和其他	2 537 355	639 782	157 213
薪资及相关	924 985	1 079 121	788 273
食品费用	520 909	583 905	161 750
燃油费用	710 617	697 962	371 015
其他运营成本	1 134 602	1 405 698	942 232
船舶运营总成本	5 262 207	6 062 765	2 765 108
市场营销及管理费用	1 303 144	1 559 253	1 199 620
折旧和摊销	1 033 697	1 245 942	1 279 254
运营收入	1 894 801	2 082 701	–4 601 557
其他费用	79 009	175 101	–137 085
净收入	1 815 792	1 907 600	–5 775 130

资料来源：皇家加勒比集团年报，2020.

表 2-6　2018—2020 年皇家加勒比集团邮轮运营相关数据表（2）

年份	2018年	2019年	2020年
邮轮乘客接待量（人）	6 084 201	6 553 865	129 514
邮轮乘客天数 *	41 853 052	44 803 953	8 697 893
可供邮轮乘客床位天数（APCD）**	38 425 304	41 432 451	8 539 903
邮轮上座率	108.9%	108.1%	42.9%

资料来源：皇家加勒比集团年报，2020.

注：* 邮轮乘客天数 = 邮轮乘客接待量 × 实际运营天数，

** 可供邮轮乘客床位天数（APCD）= 邮轮运力 × 实际运营天数。

3. 挪威邮轮集团

依据 2018—2020 年挪威邮轮集团年报统计，2018 年集团总资产为 152 亿美元，2019 年集团总资产为 167 亿美元，2020 年集团总资产为 184 亿美元，总资产稳定增长。2020 年，受疫情影响，集团总负债从 2019 年的 102 亿美元迅速增加至 140 亿美元，其中长期债务所占比重很大，总负债增长速度较快，并且集团最终亏损超过 40 亿美元。总体而言，2018—2019 年挪威邮轮集团财务状况较为稳定，而 2020 年挪威邮轮集团财务状况受疫情冲击较大，波动幅度较大。

2018—2019 年集团总收入和净利润有所下降，邮轮乘客接待量也在下滑，但整体趋形势仍然维持较好。2020 年因新冠疫情的影响，集团总收入约为 13 亿美元，邮轮乘客接待量只有 499 729 人，最终亏损超过 40 亿美元，损失惨重。

表 2–7　2018—2020 年挪威邮轮集团邮轮运营相关数据表（1）（单位：千美元）

明细	2018年	2019年	2020年
收入			
船票收入	4 259 815	4 517 393	867 110
船上收入和其他	1 795 311	1 944 983	412 798
总收入	6 055 126	6 462 376	1 279 908
运营成本			
佣金、交通和其他	998 948	1 120 886	380 710
船上成本和其他	348 656	394 673	85 678
薪资及相关	881 606	924 157	521 301
燃油费用	392 685	409 602	264 712
食品成本	216 031	222 602	65 369
其他	539 150	591 341	375 291
邮轮运营总成本	3 377 076	3 663 261	1 693 061
其他运营成本			
销售和管理费用	897 929	974 850	745 345
折旧和摊销	561 060	646 188	717 840
商誉商标减值	–	–	1 607 797
其他运营费用总额	1 458 989	1 621 038	3 070 982

续表

明细	2018年	2019年	2020年
营业收入（亏损）	1 219 061	1 178 077	3 484 135
营业外收入			
利息支出净额	270 404	272 867	482 313
其他净收入（支出）	20 653	6155	33 599
营业外收入（支出）总额	249 751	266 712	515 912
税前收入（损失）	969 310	911 365	4 000 047
所得税（净额）	14 467	18 863	12 467
净利润	954 843	930 228	4 012 514

资料来源：NCL 年报，2020.

表 2-8　2018—2020 年挪威邮轮集团邮轮运营相关数据表（2）

明细	2018年	2019年	2020年
邮轮乘客接待量（人）	2 795 101	2 695 718	499 729
邮轮乘客天数	20 276 568	20 637 949	4 278 602
可供邮轮乘客床位天数	18 841 678	19 233 459	4 123 858
邮轮上座率	107.6%	107.3%	103.8%

资料来源：NCL 年报，2020.

4. 地中海邮轮公司

据地中海邮轮公司年报统计，MSC 集团 2018—2019 年 MSC 的财政收入持续增长，整体财务状况保持较好的发展趋势。地中海邮轮公司船队规模不断扩大，2018 年新下水运营“地中海海平线号”，2019 年新下水运营“地中海荣耀号”和“地中海鸿图号”，全年可供床位天数（邮轮运力 × 运营天数）从 2018 年的 1520 万下降到 2020 年的 501 万下铺可用天数。2020 年，全年邮轮运营总天数达到 1543 天，比 2018 年减少了 4161 天，接待近 68 万乘客，比上一年下降了 97%。随着邮轮运力的扩张，地中海邮轮公司的总收入从 2019 年的 32.32 亿欧元下降到 2020 年的 7.05 亿欧元，同比下降 78%；邮轮上座率从 2019 年的 112.3% 下降到 95.2%，净利润从 2019 年的 4.05 亿欧元下降至 2020 年的 -9.39 亿欧元，同比下降 332%。

表 2-9　2018—2019 年地中海邮轮公司经营相关数据表（1）（单位：百万欧元）

明细	2018年	2019年	2020年
乘客船票收入	2061	2401	511
船上收入和其他收入	690	831	194
邮轮总收入	2751	3232	705
邮轮运营成本			
佣金、交通和其他	497	535	139
船上成本和其他成本	234	282	76
收益净额	2020	2416	490
总收益	484	543	–797
净收益	348	405	–939

资料来源：MSC Cruises Annual Report 2020.

表 2-10　2018—2020 年地中海邮轮公司经营相关数据表（2）

明细	2018年	2019年	2020年
运营天数	5189	5704	1543
邮轮乘客接待量（人）	2 751 216	2 367 527	685 247
可供邮轮乘客床位天数	15 198 506	17 379 840	5 011 719
邮轮上座率	111.6%	112.3%	95.2%

资料来源：MSC Cruises Annual Report 2020.

5. 云顶邮轮集团

据《云顶集团年报 2020》统计，2018 年云顶集团总收入为 16 亿美元，资产总额为 67.7 亿美元；2019 年总收入达 15.6 亿美元，资产总额为 79.8 亿美元；2018—2019 年云顶集团总体财务状况良好，始终保持着稳定增长。但因疫情影响 2020 年总收入降为 3.7 亿美元，资产总额下降至为 67.2 亿美元，且 2020 年度财政利润为亏损状态。

邮轮旅游业务仍然是云顶集团的主要收益来源，2018—2019 年保持平稳发展的趋势，2018 年邮轮总收入为 13.5 亿美元，增长 33%，船队运力天数增长 18.5%，载客率从 2017 年的 77% 提高到 91%；2019 年邮轮总收入为 13.8 亿美元，增长 3%，整体载客率上升至 93.3%。

表 2-11　2018—2019 年云顶集团邮轮经营相关数据（1）（单位：千美元）

明细	2018年	2019年
乘客票务收益	987 655	1 037 184
船上收益	360 819	346 506
邮轮旅游总收入	1 348 474	1 383 690
佣金、奖励、运输及其他成本	177 964	181 861
船上成本	120 026	99 291
收益净额	1 071 219	1 081 803
总收益	237.9	258.8
净收益	189.0	202.4

资料来源：云顶集团年报 2019.

注：2020 年相关数据因疫情原因尚未披露，故表格中不包含。

表 2-12　2018—2019 年云顶集团邮轮经营相关数据（2）

明细	2018年	2019年
已载客邮轮天数	5 178 075	4 986 423
可载客邮轮天数	5 667 420	5 345 827
载客率百分比	91.4%	93.3%

资料来源：云顶集团年报 2019.

注：2020 年相关数据因疫情原因尚未披露，故表格中不包含。

（六）邮轮复航筹备

一方面各邮轮集团旗下邮轮纷纷在港口待命，利用空窗期优化产品及船上服务；另一方面由于新冠疫苗的逐渐普及，部分邮轮公司在健康航行方面新增了乘客接种疫苗要求，并积极安排船员接种新冠疫苗。同时各个邮轮公司推出一系列无忧计划活动，包括全面升级的邮轮安全健康方案、灵活的退改政策、优惠的预订的价格、代金券补贴，等等。同时大力宣传即将投入市场运营的新船特色，为复航提前预热邮轮市场。

根据资料整理，截至 2021 年 6 月，不同邮轮公司发布的预计复航信息如下：

1. 嘉年华集团

· 爱达邮轮

2020 年 10 月恢复部分欧洲航线，AIDAperla 于 2021 年 3 月开始复航，德国等部分欧洲航线于 2021 年 5 月复航，西地中海区域于 2021 年 7 月复航，波罗的海航线延长至 9 月恢复。

· 歌诗达邮轮

2020 年 9 月恢复部分欧洲航线，部分邮轮于 2021 年 3 月复航，部分邮轮于 2021 年 5 月复航，部分邮轮于 2021 年 9 月以后复航。

· 公主邮轮

2021 年 5 月正式开始复航，日本航线 6 月复航，美国航线从 7 月开始陆续恢复，英国航线停航期延长至 9 月 25 日，澳大利亚航线暂停期延长至 12 月。

· 荷美邮轮

2021 年 7 月部分邮轮恢复美国航线，2021 年 8 月恢复从希腊出发航线。

· P&O（澳大利亚）邮轮

延长停航期至 2021 年 12 月中旬。

· P&O（英国）邮轮

2021 年 6 月英国航线逐步恢复，部分邮轮暂停期延长至 9 月，地中海航线、大西洋航线在 9 月以后恢复。

· 冠达邮轮

2021 年 7 月陆续复航，10 月开启新航线。

· 世邦邮轮

Seabourn Ovation、Seabourn Odyssey 于 2021 年 7 月复航，Seabourn Quest 于 2021 年 11 月复航，Seabourn Sojourn 于 2022 年 1 月复航，Seabourn Encore 于 2022 年 4 月复航。

· 嘉年华邮轮

2021 年 6 月正式开始复航，美国航线于 7 月恢复，部分邮轮于 8 月复航，部分邮轮从 11 月逐步复航。

2. 皇家加勒比集团

· 皇家加勒比国际游轮

2020 年 12 月，“海洋量子号”在新加坡复航；

2021 年 5 月，“奥德赛号”在以色列复航，月底计划“海洋光谱号”在中国复航；

2021 年 6 月，“梦幻号”“海洋冒险号”在加勒比复航，“海洋航行者号”在中国复航；

2021 年 7 月，“海洋珠宝号”从塞浦路斯复航，“海洋圣歌号”在英国复航。

· 精致邮轮

2021 年 6 月，Celebrity Millennium，Celebrity Apex，Celebrity Edge 复航；

2021 年 7 月，Celebrity Silhouette，Celebrity Flora，Celebrity Xpedition，Celebrity

Xploration，Celebrity Equinox 复航。

· 银海邮轮

2021 年 6 月，Silver Origin，Silver Moon 在加拉帕戈斯群岛复航；

2021 年 7 月，Silver Muse，Silver Shadow 恢复新阿拉斯加和冰岛航线。

3. 挪威邮轮集团

诺唯真邮轮：2021 年 7 月在希腊复航，8 月恢复美国航线，9 月逐步恢复欧洲航线，部分邮轮于 2021 年 10 月以后相继复航；

大洋邮轮：2021 年 8 月开始复航，10 月起 Riviera，Insignia 和 Sirena 三艘邮轮逐步复航；

丽晶七海邮轮：2021 年 9 月开始复航。

4. 地中海邮轮公司

2020 年 8 月，地中海“鸿图号”地中海“华丽号”复航；

2021 年 5 月，地中海“海岸线号”、地中海“海滨号”、地中海“华彩号”复航；

2021 年 6 月，地中海“辉煌号”、地中海“管乐号”复航；

2021 年 7 月，计划地中海“海景号”、地中海“传奇号”、地中海“和谐号”复航；

2021 年 9 月，计划地中海“神曲号”复航。

5. 云顶邮轮集团

2020 年 7 月，星梦邮轮旗下“探索梦号”以中国台湾基隆为母港开展“邮轮跳岛游”航线；

2020 年 11 月，星梦邮轮旗下“云顶梦号”以新加坡为母港开始复航；

2021 年 5 月，丽星邮轮旗下“双鱼号”在马来西亚复航，星梦邮轮旗下“云顶梦号”复航；

2021 年 6 月，“云顶梦号”在香港复航；

2021 年 7 月，计划水晶邮轮旗下“水晶尚宁号”从拿骚复航，“水晶奋进号”进行环冰岛越北极圈航线；

2021 年 8 月，计划“水晶交响曲号”在加勒比海区域复航。

三、市场格局演变

（一）全球邮轮市场动态

2020 年 COVID-19 疫情发生，邮轮业立即采取了积极措施来防疫防控，邮轮公司于 2020 年 3 月全面暂停了邮轮市场的运营，2020 年 7 月开始在欧洲、亚洲、南太平洋等市场区域有序复航。依据国际邮轮协会 CLIA 在 2021 年的发布最新数据显示，2020 年全球邮轮市场受 COVID-19 疫情影响如下：

邮轮运力规模。COVID-19 疫情前，全球邮轮市场稳步发展，邮轮公司不断加码新运力，市场运力和年运营天数呈现逐年上升趋势。受 COVID-19 疫情影响，邮轮公司通过拆除老旧运力以获得现金回流，缓解公司财务压力；同时 2020 年拟下水投入运营的新船普遍推迟交付，全球邮轮市场运力规模明显下降。

邮轮客源市场。2020 年，全球邮轮客源市场乘客规模同比 2019 年大幅下降，平均降幅超过 70%，其中前三大客源市场北美地区、西欧地区和亚洲地区的邮轮乘客规模降幅超过 80%，降幅最小（仅为 51.0%）的南美客源市场乘客规模接近乘客规模降幅高达 86.7% 的亚洲地区。

表 2-13 全球邮轮客源市场邮轮乘客规模 2018—2020 年（单位：千人）

	2018年	2019年	2020年
北美	14 240	15 408（8.2%）	3008（-80.5%）
西欧	6731	7226（7.4%）	1223（-80.3%）
亚洲	4240	3738（-11.8%）	497（-86.7%）
南美	883	935（5.9%）	458（-51.0%）
澳大利亚 / 新西兰 / 太平洋地区	1460	1351（-7.5%）	340（-74.8%）
东欧	213	263（23.3%）	72（-72.6%）
非洲	154	169（9.8%）	68（-59.6%）
斯堪的纳维亚 / 冰岛	225	218（-3.0%）	52（-76.2%）
中美洲	47	49（5.7%）	14（-71.3%）
中东 / 阿拉伯地区	111	108（-2.2%）	8（-92.3%）
加勒比海地区	56	57（1.0%）	7（-87.7%）

资料来源：CLIA，2021.

邮轮国家（地区）市场规模。2020 年，全球主要的邮轮国家（地区）市场乘客规模的降幅在 75% ~ 95%，其中美国作为全球第一大邮轮市场，邮轮乘客规模由 2019 年的 1419.9 万人下降至 2020 年的 273.2 万人，同比 2019 年下降 80.8%；德国、中国、英国等主流邮轮市场的邮轮乘客由 2019 年的近 200 万人规模下降至 20.5 万 ~ 53.1 万人，下降幅度在 79.5% ~ 89.3%。

表 2-14　全球邮轮国家（地区）市场邮轮乘客规模 2018—2020 年（单位：千人）

	2018年	2019年	2020年
美国	13 091	14 199（8.5%）	2732（−80.8%）
德国	2233	2587（15.8%）	531（−79.5%）
巴西	510	567（11.3%）	331（−41.7%）
澳大利亚	1345	1241（−7.7%）	312（−74.9%）
英国 & 爱尔兰	2009	1992（−0.9%）	259（−87.0%）
加拿大	971	1037（6.8%）	257（−75.2%）
中国大陆	2357	1919（−18.6%）	205（−89.3%）
意大利	831	950（14.3%）	151（−84.1%）
法国	521	545（4.6%）	146（−73.2%）
中国台湾	391	389（−0.4%）	83（−78.8%）
阿根廷	187	151（−19.2%）	76（−49.8%）
新加坡	373	325（−12.7%）	72（−78.0%）
南非	143	158（10.2%）	67（−57.4%）
印度	221	313（41.5%）	46（−85.4%）
西班牙	530	553（4.3%）	45（−91.9%）
中国香港	250	191（−23.4%）	36（−81.2%）
奥地利	136	136（0.1%）	25（−81.9%）
新西兰	112	106（−5.1%）	24（−77.6%）
瑞士	154	140（−9.2%）	23（−83.8%）
挪威	101	98（−3.0%）	20（−79.3%）
日本	266	296（11.4%）	19（−93.7%）
墨西哥	174	167（−3.6%）	18（−89.2%）
荷兰	113	123（8.7%）	18（−85.6%）
马来西亚	150	121（−19.6%）	13（−88.9%）

资料来源：CLIA，2021.

邮轮旅游目的地市场。2020 年，全球最大的邮轮旅游目的地市场仍为加勒比海 / 巴哈马 / 百慕大地区，邮轮乘客接待规模 298.6 万人；全球前四大邮轮旅游目的地市场还包括亚洲 / 中国地区、巴拿马运河 / 南美地区、澳大利亚 / 新西兰 / 太平洋地区等地区，邮轮乘客接待规模分别为 64.31 万人、48.39 万人、36.68 万人。此外，地中海地区作为全球第二大邮轮旅游客源市场在 2020 年接待的邮轮乘客规模较小，其接待规模不超过 30 万人。

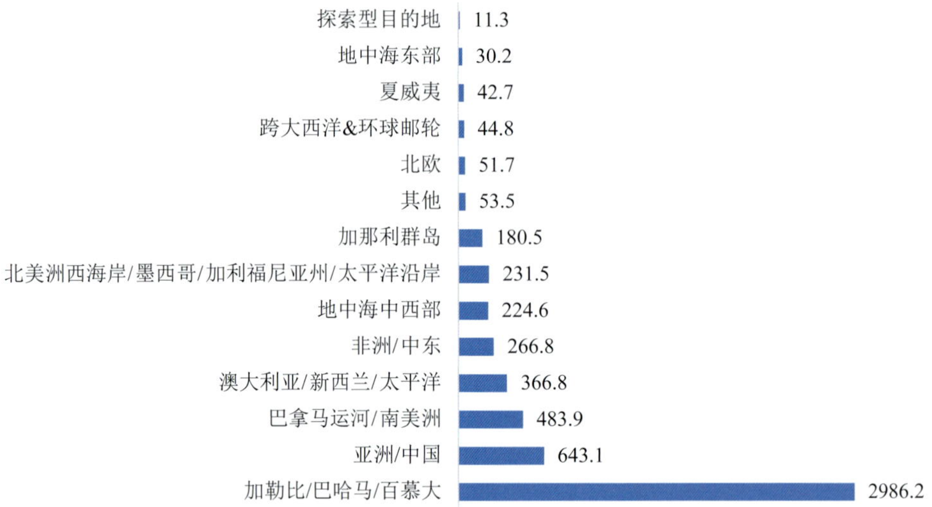

图 2-2 全球邮轮旅游目的地市场邮轮乘客规模 2020 年（单位：千人）

资料来源：CLIA，2021.

（二）国际邮轮集团运力优化

随着全球邮轮市场的稳定发展，逐渐形成以嘉年华集团、皇家加勒比集团、云顶邮轮、地中海邮轮以及挪威邮轮五大巨头的邮轮运营格局，互为良性竞争关系。其中嘉年华集团的市场运力在该行业中保持领先地位，紧随其后的是皇家加勒比集团，两家邮轮公司的市场运力总和占据市场半壁江山，是全球邮轮市场中规模最大的两家邮轮运营商，同时也最具竞争力。

国际邮轮公司在疫情冲击下，公司市值大规模蒸发，运营持续性亏损，部分小型邮轮公司直接申报破产或重组，具备资金雄厚实力的邮轮集团为筹措资金，不断负债，纷纷通过出售旗下邮轮品牌或老旧邮轮缓解面临的财务状况，品牌调整后邮轮集团核心竞争力愈强，运力优化后邮轮品牌生命力愈旺。同时，越来越多综合实力强的企业取代实力较弱的邮轮公司进入邮轮市场，邮轮市场的竞争越来越激烈。

根据 CLIA 不完全统计，CLIA 旗下会员单位在 2019 到 2021 年间，预计有 31 艘邮轮停止邮轮旅游客运服务，客位减少 49 105 人，但缩减量将会被 2021 年新增的 8 艘船只的 34 312 客位抵消。到 2021 年年底，全球海洋邮轮船舶的总载客量将达到 581 200 人，船队规模达 323 艘，比新冠肺炎疫情发生前（2019 年）下降了 7.8%。

四、建造市场变局

（一）全球主要邮轮建造厂商现况

邮轮建造作为邮轮产业链上游的重要组成部分，具有寡头垄断的特征，尽管我国以中船外高桥及招商工业为代表的国家队正积极进军邮轮产业，但现阶段，欧洲船厂对邮轮建造市场的行业主导地位仍不可撼动。特别是在大型邮轮领域，意大利芬坎蒂尼集团、德国迈尔集团、法国大西洋船厂以及由云顶香港整合组建的德国 MV Werften 集团都具备丰富的建造经验。不过在本次新冠疫情中，欧洲船厂均受到了巨大的冲击，市场格局慢慢出现了一些变化。

1. 芬坎蒂尼集团

因新冠疫情影响，芬坎蒂尼自 2020 年 3 月 16 日起停工，4 月下旬开始最低限度复工，5 月底恢复到正常生产水平，比原计划减少了约 320 万生产工时，收入比原计划减少了约 10.55 亿欧元，同时由于邮轮船东付款计划的推迟使得船厂债务增加了 4.5 亿欧元，还因为防疫产生了 1.96 亿欧元的额外成本。尽管如此，芬坎蒂尼的邮轮交付全都如期进行，全年共交付 7 艘邮轮，其中 4 艘为疫情发生后交付，没有订单被取消。2020 年芬坎蒂尼造船业务收入为 51.91 亿欧元，其中邮轮收入为 33 亿欧元，与 2019 年的 36 亿欧元相比下降约 8%。

截至 2021 年 4 月 30 日，芬坎蒂尼邮船手持订单共 38 艘、339.1 万吨，计划在 2021 年交付 7 艘，2022 年交付 8 艘，2023 年交付 9 艘，2024 年交付 5 艘，2025 年交付 5 艘，2025 年之后还有 4 艘。由于船厂已经恢复全速生产，目前还有大量手持订单，预计芬坎蒂尼 2021 年全年产量将显著高于 2020 年的水平，后市仍被看好。

此外，2021 年 1 月 27 日法国经济财政部和意大利工业部宣布，因“经济环境不再允许”，两国决定放弃意大利芬坎蒂尼集团收购法国大西洋船厂的计划，旷日持久的欧洲两大邮轮建造巨头合并计划最终宣告失败。

2. 迈尔集团

在新冠疫情的冲击下，迈尔集团旗下 Meyer Turku 船厂不得不裁员并削减产能，以适应疫情后面临的新形势。根据船厂与工会达成的劳资谈判协议，决定最终裁员 250 人，这一数字比此前预计的 450 人有了明显减少。同时，集团已与其客户达成协议，将到 2023 年年底前每年交付 3 艘邮轮的计划改为 2025 年之前每年只交付 2 艘邮轮，将手持订单延长至 2026 年。随着交船计划的调整，迈尔集团未来几年内需缩减 40% 的产能。尽管产能缩减，但设备运转的成本依然存在，这会在未来五年内带来 12.5 亿欧元的成本压力。因此迈尔船厂将采取各种措施，实现节约成本 12% 的目标。此外，为应对竞争越发激烈的市场，迈尔船厂仍会维持对于未来尖端科技的研发和投入，以维护企业的行业地位，保持竞争力和盈利水平。尽管受到疫情严重影响，但迈尔船厂在疫情期间并未停产，2020 年全年共交付 3 艘邮轮，旗下的 Neptun Werft 船厂也交付 6 艘内河游轮。

截至 2021 年 4 月 30 日，迈尔船厂邮轮手持订单共 15 艘，218.4 万吨，计划在 2022 年交付 5 艘，2023 年交付 4 艘，2024 年交付 1 艘，2025 年交付 2 艘。值得一提的是，2021 年 3 月日本船东 NYK 在德国迈尔船厂订造了一艘 51 950 总吨邮轮，预计在 2025 年交付。这是迈尔建厂 226 年来首个全程谈判、签约以远程视频方式敲定的订单，也是新冠疫情发生以来，全球首个 5 万吨以上的邮轮订单。不过，迈尔船厂年产能为 42 万吨，目前在 2025 年只有 18.2 万吨的订单，疫后复苏之路仍然任重道远。

3. 法国大西洋造船厂

疫情发生后，法国大西洋船厂放缓生产速度，关闭薄板和组装车间以及舱室单元工厂，设计部门居家办公，限制在厂员工数。自 3 月中旬船厂停工开始，仅在 3 月 16 日"云交付"13 万吨邮轮"Celebrity Apex"号之后，2020 年再无其他邮轮交付。4 月 27 日船厂开始复工，5 月中旬恢复到正常生产水平。

截至 2021 年 4 月 30 日，法国大西洋造船厂邮轮手持订单共 10 艘，186.2 万吨。受疫情影响，服务于中国市场的，原定于 2020 年底交付的"MSC Virtuosa"号被延期至 2021 年 2 月交付。与此同时，船厂还在积极拓展海上风电业务和军品业务，2021 年 2 月，大西洋船厂获德国北海区域风电场 243 MW 海上升压站项目；2020 年，大西洋船厂与法国海军集团建立合资公司共同研发法国海军新一代核动力航空母舰，大西洋船厂将负责航母的建造，设计动力平台架构。

4. MV Werften 造船集团

由于全球突然发生疫情导致形势不断演变且难以预测，继云顶集团旗下邮轮因疫情影响而暂时停止营运后，云顶香港下属的德国 MV Werften 造船集团三家船厂也宣布自 2020 年 3 月 21 日起暂停运营四周，从 5 月开始恢复有限生产活动，但由于财政困难一直未恢复正常生产；在德国政府的帮助下，6 月份获得 17 家银行所组成的财团发放的 1.75 亿欧元的紧急援助；10 月份收到德国政府担保的 1.93 亿欧元，可维持船厂运作至 2021 年 3 月份，用于完成极地探险邮轮"Crystal Endeavor"号和"Global Dream"号的建造。此外，随着邮轮市场因疫情"停摆"，造船业遭受重创，作为获得德国政府经济稳定基金援助的条件，MV Werften 造船集团预计将裁员三分之一，甚至可能不得不关闭 Stralsund 基地，以确保集团能够继续维持生产运营。

截至 2021 年 4 月 30 日，MV Werften 造船集团邮轮手持订单共 12 艘，106.1 万吨。受疫情影响，原定于 2020 年交付的"Global Dream"号、"Crystal Endeavor"号将延期交付运营。

5. 外高桥船厂

作为中国船舶集团“一号工程”中国首制大型邮轮项目的主体设计建造单位，外高桥造船在疫情考验之下，克服重重挑战，有效保障了邮轮设计建模、物资采购、设施配套以及生产建造等工作全线并进，取得突破性进展。2020 年 6 月，外高桥造船 2 号船坞接长改造项目完工交付。11 月，外高桥造船转入坞内连续搭载总装新阶段，实现了其从详细设计、生产设计到实船总装搭载的跨越发展。12 月，外高桥造船薄板中心基本实现全面投产。截至 2021 年 4 月底，外高桥邮轮已完成首制大型邮轮项目艏半岛最下层最后一个总段 G2 完成平台总组，顺利下坞搭载总装。同时，全船生产设计模型平衡和结构生产设计图纸全部完成，为大型邮轮的连续建造提供了有力的技术保障。

目前，外高桥造船邮轮手持订单共 2 艘，26.6 万吨。根据计划，中国首制大型邮轮将于 2023 年上半年出坞，2023 年年内完工交付，第二艘将于 2024 年 12 月交付。

6. 招商局工业集团

招商局工业集团有限公司（简称“招商工业”）作为招商局集团唯一的制造业子公司，提出了建设“中国领先的邮轮制造商”的战略目标，按照“从小到大，由易到难”的发展路径，招商工业正在分阶段、分层次打造滨海游船、内河游轮、极地邮轮、中小型邮轮等产品体系，并同步培育发展邮轮制造配套产业链。2019 年 9 月，招商工业成功交付极地探险邮轮系列项目的首制船，这也是国内自主建造的首艘邮轮，标志着招商工业在邮轮制造领域取得了重大的阶段性成果，率先在国内突破了邮轮设计建造。

2020 年招商工业克服疫情的不利影响，在建 5 艘极地探险邮轮中的 3 号船、4 号船已于 2020 年上半年完成下水，2 号船、5 号船也于 2021 年 3 月完成了下水、合拢仪式。同时，招商工业并购了全球最大的客船和邮轮设计公司 Deltamarin，规划建设全球首个邮轮配套产业园，致力于打造成为全球主要的邮轮制造商，推动实现“邮轮中国制造”的光荣与梦想。此外，招商工业通过成立招商局邮轮研究院，协同招商局邮轮制造公司、招商局邮轮配套产业园、芬兰 Deltamarin 设计集团、浙江友联船厂等内部邮轮制造资源，共同构建了包含研究、研发、设计、建造、配套、修改装等邮轮全流程服务的“生态圈”。目前，招商工业邮轮手持订单包括 6 艘总计 4.4 万吨的探险邮轮，1+1 艘长江游轮以及 1+2 条滨海游船。

（二）建造市场形势

2020 年初突如其来的新冠疫情对邮轮建造领域造成巨大影响，新造船市场实质上陷入停滞。据克拉克森的统计数据显示，2020 年全年，除 1 月份疫情发生前有 4 艘 9300 总吨小型邮轮订单成交外，2—9 月长达 8 个多月期间无任何邮轮新造船订单成交。直至 10 月 21 日，探险邮轮运营商 Swan Hellenic 在芬兰赫尔辛基船厂追加了一艘 1.2 万吨探险邮轮订单，才实现了新冠疫情发生以来邮轮新造船市场零的突破。但后续再无新订单成交，2020 年成为过去 10 年中，邮轮建造订单最少的年份。

图 2-3　全球邮轮建造订单（1999—2020）

此外，疫情导致船厂复工率与全员到岗正常生产时差距较大，配套厂商生产暂缓，行业资金紧张以及船东接船意愿大幅下滑等因素的叠加影响，全球原计划交付的 24 艘邮轮中仅有 14 艘实现交船，且交付日期均有不同程度推迟，剩余的 10 艘邮轮中 7 艘延至 2021 年交付，3 艘延至 2022 年交付。

表 2-15　2020 年邮轮交付一览表

船名	船东	制造商	总吨	客位	交船月份
Seven Seas Splendor	Regent Seven Seas	Fincantieri Ancona	56 182	740	1
Scarlet Lady	Virgin Voyages	Fincantieri Sestri	108 192	2800	2
Celebrity Apex	Celebrity Cruises	Chantiers Atlantique	130 818	2918	3
National Geographic Endurance	Lindblad Expeditions	Ulstein Ulsteinvik	12 786	126	3
Le Bellot	Ponant	VARD Soeviknes	9988	180	3
Silver Origin	Silversea Cruises	De Hoop Lobith	6365	100	6
Le Jacques Cartier	Ponant	VARD Soeviknes	9988	180	7
Spirit of Adventure	Saga Cruises	Meyer Werft	58 119	999	9
Enchanted Princess	Princess Cruises Inc	Fincantieri Monfalco	145 281	3660	9

续表

船名	船东	制造商	总吨	客位	交船月份
Iona	P&O Cruises（UK）	Meyer Werft	184 089	5206	10
Silver Moon	Silversea Cruises	Fincantieri Sestri	40 844	596	10
World Voyager	Mystic Cruises	West Sea	7823	200	10
Costa Firenze	Costa Crociere	Fincantieri Monfalco	135 156	4200	12
Carnival Mardi Gras	Carnival Cruise Line	Meyer Turku	181 808	5200	12

数据来源：克拉克森网 .

根据克拉克森数据，截至 2021 年 4 月 30 日，全球邮轮手持订单共计 102 艘，910 万吨，分属于 16 家造船集团，意大利芬坎蒂尼集团、德国迈尔船厂集团、法国大西洋船厂和德国 MV Werften 集团分别为 37 艘、339.1 万吨，15 艘、218.4 万吨，10 艘、186.2 万吨和 12 艘、106.1 万吨；市场份额（以总吨计，下同）依次为 37.26%、24%、20.46% 和 11.66%；这四家合计共 74 艘，849.8 万吨，市场份额高达 93.4%。其中：

5 万吨及以上邮轮手持订单共 62 艘，总计 835.72 万吨，其中欧洲四大船厂占据了 96% 的市场份额，中船外高桥以 2 艘邮轮订单共 13 万吨占 3%，克罗地亚 DIV 集团旗下 Brodosplit 船厂以 1 艘邮轮订单共 6.2 万吨占 1%。

5 万吨以下邮轮手持订单共 40 艘，总计 74.27 万吨，其中意大利芬坎蒂尼集团及其控股的 VARD 集团包揽了 55% 的市场份额，招商工业（海门基地）占比为 6%。

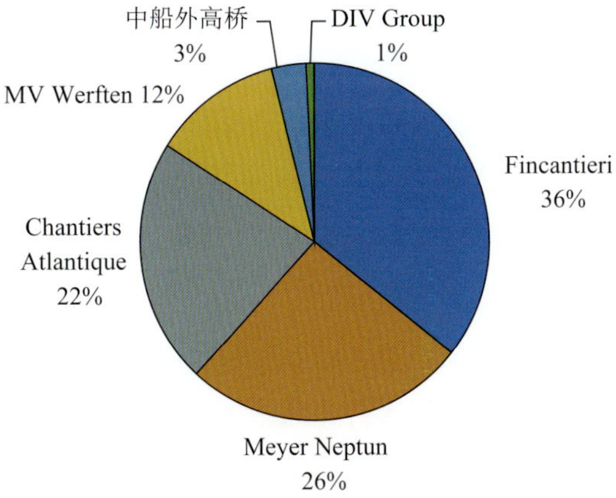

图 2-4　5 万吨及以上邮轮手持订单分布图（按船厂）

数据来源：克拉克森网 .

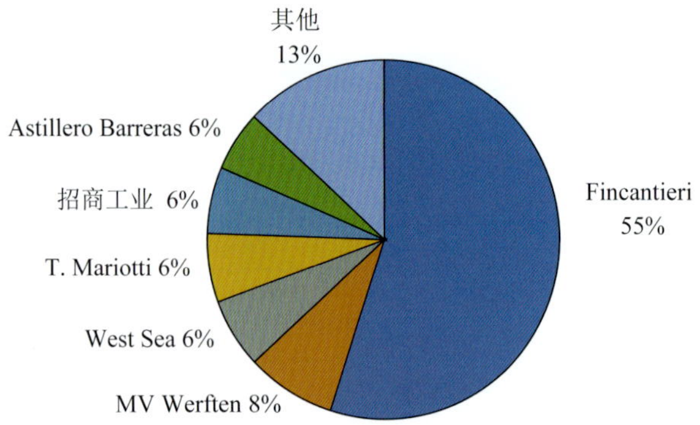

图 2-5　5 万吨以下邮轮手持订单分布图（按船厂）

数据来源：克拉克森网 .

邮轮建造市场手持订单仍处于高位，预计 2021—2023 年将是邮轮在手订单的集中交付期。但因新增订单缺乏，2023 年后邮轮建造企业将出现大量空闲产能，如市场不能尽快恢复，将给建造企业带来较大压力。

（三）疫情对于邮轮建造市场的影响

订单反映了邮轮建造市场的冷暖，但邮轮相关企业在此次疫情中面临的挑战却不仅仅是订单萎缩。疫情防控的需求，生产人员的短缺及邮轮市场的停摆等多重因素对全球邮轮建造企业造成了不利影响。各邮轮建造商不仅要投入大量额外资金用于疫情防控、生产安全等方面，部分甚至被迫采取停工、降能、裁员及关停船厂等措施来应对不良局面，并坦言不看好短期内的邮轮建造市场。但几乎所有邮轮建造企业对长期市场仍然保持乐观态度，期望通过多样化经营，拓展业务广度等方法来渡过市场低谷，如芬坎蒂尼集团积极承接军船业务，法国大西洋船厂拓展海工市场等。

邮轮设备和原材料供应也因疫情受到冲击，邮轮主流设备及材料供应商都位于欧洲，在欧洲疫情尚未得到有效控制的情况下，各配套企业的生产仍处于不稳定状况。对于邮轮建造企业，特别是欧盟区域之外的邮轮建造企业而言，设备进口受到很大影响，部分设备的国外供应商的安装调试服务等也难以保证。邮轮设备特异化程度高，很难有替代的应急计划，最后建造商既定的生产计划可能因设备或材料短缺而难以落实。全球邮轮供应链体系都受到疫情的波及，对于国际邮轮产业而言是个灾难性事故。但配套产业市场大幅变化产生的空白，对于初入行业的中国邮轮配套企业来说则未尝不是发展自我抢占先机的绝佳机会。

目前疫情对邮轮建造市场的影响可能仅体现在邮轮制造及配套领域，但随时间推移，疫情带来的痕迹最终将反映在游客的思维上、产品的设计上以及体现在船舶的设计上。每次严重的传染病事件都会显著提升公众卫生安全意识，卫生安全或生物安全这个概念在本次疫情中获得全世界的广泛关注，我国就提出将生物安全纳入国家安全范畴。尽管现在生物安全风险控制主要停留在人员管理、操作程序、汇报体系、合作机制等范畴，较少涉及船舶技术领域，但未来乘客和船东对于邮轮生物安全的重视程度将大幅提高，仅仅靠船员消杀作业、清洗维护、港口国检验检疫等操作性措施是无法满足大众日益提高的生物风险意识的。2020 年已经开始出现一批以通风、供水系统为代表的，关注病毒防控的新型邮轮设备、特别设计方案。可以预见到，邮轮上的空气、水、食物起居环境等和游客广泛接触的船舶系统或布置将出现大量生物领域安全的材料、设备以及相应的设计方法，为未来邮轮设计带来新的挑战和机遇。

五、产业发展趋势

由于疫情防控形势在全球范围内还没有得到根本扭转，世界上绝大部分邮轮仍处于停航状态，各大邮轮运营商仍处于持续亏损状态，因此，邮轮产业发展不可避免地在短期内仍将处于一定困境之中，但这个影响是突发的、暂时的、阶段性的，全球邮轮产业发展从中长期来看仍将保持其固有的发展规律。具体而言，将呈现出以下特征：

（一）邮轮建造趋势

1. 消费市场长期向好，建造市场基石稳固

全球邮轮业界普遍认为，疫情影响只是阶段性的。虽然疫情导致全球邮轮市场暂时停摆，但依然没有改变全球邮轮产业长期向好的趋势。嘉年华等几大邮轮公司的预订数据显示，2022 年航线预订量已经超出了 2019 年同期水平，而且还是在未进行大规模广告宣发的前提下实现的。这也充分证明邮轮业具有较强的产业根基和市场规模，邮轮旅游消费市场具有较大韧性和需求。人们对美好旅行生活和文化休闲的向往程度在未来只会越来越高，旅游需求只是被暂时抑制了，但是从来不会因为疫情或者其他公共卫生事件、自然灾害和恐怖袭击而消失。邮轮业作为历经近两百年发展史的行业，经历了数次洗礼与演变，具有相对完善的应急机制和事后管控经验，疫情结束后邮轮企业将全力以赴重建市场信心，邮轮建造市场的复苏也将随之到来。

2. 海事环保法规日益趋紧，绿色、智能船型正当其时

IMO 于 2020 年出台的 EEXI（技术能效指数）要求将显著影响 2005 年之前建造邮轮的使用，会促使老旧邮轮淘汰或改装节能设备。同时，IMO 也制定了 2050 年碳中和目标，并依年份设定了对不同船型的碳排放要求，EEDI（设计能效指数）第三阶段将提前于 2022 年 4 月 1 日实施。目前仅有部分船型的设计可满足 EEDI 第三阶段，需绿色节能技术或替代燃料方面有所发展来突破技术障碍。根据 CLIA 的统计，邮轮业界共有 235 亿美元的投资用于建造拥有新科技、低排放和更清洁能源的邮轮；订单中有 24 艘新造邮轮采用 LNG 动力。邮轮业在采用 LNG 能源、水处理系统、排烟清洁系统、岸电系统等尖端海洋环境技术方面继续处于海事业领先地位。由于疫情防控的需要，热成像设备、人脸识别、机器人送餐等智能化设备也成为邮轮上新的热点配置。随着人工智能的快速发展，邮轮的智能化水平将得以大幅度提升，以更好地满足游客高品质旅游的需求。

3. 大型邮轮增长后劲不足，中小型邮轮潜在更新需求较多

疫情影响会造成部分消费者选择发生变化，预计未来大型邮轮满舱率下降，中小型邮轮机会凸显。2020 年以来全球总共产生 7 艘邮轮订单，其中 5 艘为 1 万吨左右的极地探险邮轮，1 艘为 5.2 万吨的中型邮轮，1 艘为 6.2 万吨的住宅邮轮。根据克拉克森数据，截至 2021 年 4 月 30 日，全球邮轮船队中 20 年及以上船龄的老旧邮轮总数为 205 艘，其中 5 万吨以下为 152 艘，5 万吨及以上 53 艘。全球邮轮在手订单 102 艘，其中 5 万吨以下为 40 艘，5 万吨及以上为 62 艘。因此，预计在 2021—2030 年间，5 万吨以下邮轮将存在 100 艘左右的潜在更新需求，而 5 万吨及以上邮轮的在手订单船数要比老旧船数多出 17%，如果邮轮旅游市场不能维持高速增长，很难再有额外的更新需求产生。

4. 欧洲船厂寡头垄断仍将持续，中国船厂方兴未艾

根据克拉克森数据，截至 2021 年 4 月 30 日，全球邮轮在手订单共 102 艘，910 万吨，分属于 16 家造船集团，其中意大利芬坎蒂尼集团、德国迈尔船厂集团、法国大西洋船厂和德国 MV Werften 集团四大市场份额高达 93.4%，寡头垄断特征明显。尤其是在 10 万吨以上的超大型邮轮领域，除了中国船舶集团持有两艘 13.3 万吨邮轮在手订单外，其余全被上述四大造船集团所包揽。通过多年的经营与发展，欧洲几大船厂与邮轮船东建立了稳固的客户关系，同时也围绕邮轮设计、制造、配套打造了一套完整的本土化产业链，形成了其核心竞争优势，其市场地位在短期内很难被撼动。

新冠疫情发生导致全球范围几乎没有新增邮轮订单，是邮轮发展历史上前所未见的危机。但危机中蕴含着变局，对于中国邮轮行业而言，疫情转移了欧洲企业的注意力，削弱了他们的市场控制力，打破了原有的行业格局，让新来者有了入场及拓展市场份额的机会，中国对疫情的有效管控又成为国内邮轮行业弯道超车的助推剂，这是完善提升中国邮轮产业链的绝佳机会。招商局集团下属的招商局工业集团此前已成功交付首艘中国自主设计建造的极地探险邮轮，开“邮轮中国制造”的先河，并以过硬的质量、可靠的交期赢得了船东的赞誉和良好的市场口碑，目前以 6 艘手持订单在探险邮轮细分市场处于领先地位。中船集团下属外高桥造船的国产大型邮轮项目也克服了疫情带来的重重困难，平稳有序地推进。目前全船生产设计模型平衡和结构生产设计图纸全部完成，坞内结构搭载任务已经完成过半，未来有望在大型豪华邮轮建造领域占有一席之地。国内邮轮建造企业应把握疫情带来的机遇期，苦练内功，扎扎实实做好船厂先进制造建设，不断提高设计能力和建造工艺水平，务实推进国产化配套和供应链打造，将来便能在激烈的竞争中脱颖而出，开创新局。

（二）邮轮运营趋势

1. 邮轮公司运力持续优化

COVID-19 疫情持续发酵，邮轮公司不断调整邮轮的运力布局，尤其是对新船的布局造成影响，使得邮轮公司会根据各个国家和地区的疫情防控政策要求不断调整运力布局，原本计划部署的区域航线被取消或延迟。同时，邮轮公司目前尚未实现大规模复航，在停航期间持续性亏损，而已复航的邮轮公司因邮轮运营成本高，上座率低导致邮轮运营船票收入和二次收入低，进一步加剧了邮轮公司的亏损，邮轮公司需要不断调整优化资本股权结构，并同步优化船队结构。在极端情况下，如果疫情持续影响，达到了邮轮集团必须出售核心资产、剥离关键品牌、甚至宣告破产的临界状态，将出现邮轮巨头陨落的现象，将打破现有的行业格局。

2. 邮轮集团多元业务发展

为进一步拓展邮轮市场，创新邮轮产品，降低邮轮运营成本，邮轮公司从未停止业务模式的探索和创新，业务多元化发展是邮轮公司运营的主流趋势。如地中海邮轮在中国市场进军电商领域，上线了国内首家国际邮轮品牌直邮店 MSC 地中海邮轮全球购；皇家加勒比集团与 ITM Group 合资成立了公司 Holistica Destinations，开发 Holistica 作为邮轮目的地；云顶集团收购德国船厂整合成德国 MV 造船集团（MV Werften）和 Lloyd Werft 船厂发展邮轮建造业务，旗下拥有的著名电音派对俱乐部品牌 Zouk 以及综合度假项目马尼拉云顶世界为邮轮业务提供娱乐和旅游服务配套。

3. 邮轮旅游产品创新升级

随着邮轮旅游业务的拓展和发展趋于成熟，为进一步拓展市场，稳固老客户，吸引新客户，邮轮公司通过不断创新发展，为邮轮市场提供新颖、多元的邮轮旅游产品；同时，在 COVID-19 疫情的影响下，为实现复航，投放极具吸引力的邮轮旅游产品，邮轮公司创新升级邮轮产品趋势明显。邮轮旅游产品的创新升级主要体现在：

一是拓展邮轮市场新区域。加勒比海区域、地中海区域等地是全球发展成熟的邮轮旅游区域，邮轮公司纷纷将眼光聚焦亚洲地区、非洲地区、澳洲地区等邮轮旅游发展新兴区域，这些区域在未来较长一段时间内将是邮轮公司发展聚焦的新市场。

二是开发邮轮旅游新目的地。具备邮轮旅游开发条件的邮轮旅游目的地在经历百余年的发展之后，大多数都较为成熟了。基于此，开发邮轮旅游度假区或海岛私人目的地成为新的延伸。为邮轮旅游提供无缝对接的海岛之旅，提供额外的娱乐、休闲体验，将是未来邮轮公司拓展市场的重要趋势。

三是开辟邮轮旅游新航线。邮轮公司在传统邮轮航线的基础上每年会针对性地开辟新航线，以拓展和稳固市场，满足邮乘客多样化旅游需求，如云顶邮轮集团旗下星梦邮轮“探索梦号”在疫情期间于中国台湾基隆母港展开跳岛游新航线，深受市场欢迎。

四是升级邮轮船上硬件设施。邮轮公司新造邮轮设计创新和科技特色明显，新一代科技型邮轮全面升级邮轮船上娱乐设施，并开始逐步发展海上智能家居，为游客提供全新的住宿体验，包括在客舱内的虚拟景观和在阳台客舱的户外生活，可穿戴式的客舱、刷卡和支付体验，以及虚拟助手、设备投射和定制智能照明，等等。未来新造邮轮和翻新改装邮轮的智能化趋势显著。

（三）邮轮港口趋势

邮轮港口综合体化发展。随着邮轮城市发展的升级和邮轮乘客需求的多样化，邮轮旅游的发展对邮轮港口的发展提出了更高的需求和要求，邮轮始发港或邮轮母港将逐步向集文旅、休闲、商贸等于一体的综合体港口发展。

邮轮港口运营商全球化发展。随着邮轮业务发展和服务升级，专用邮轮码头取代了多用途或临时停靠码头，邮轮港基础设施需要通过不断升级改造，适应多样化和不断发展的市场需求。为了响应邮轮码头升级改造的呼声，同时保障公共支出，港务局开始寻求第三方积极参与邮轮港的融资、建设、运营和商业开发，邮轮港口运营商全球化发展趋势明显。

（四）邮轮旅游趋势

1. 邮轮旅游防疫常态化

哈佛大学公共卫生学院发文描述，“无论是否能研发出疫苗，新冠病毒都可能会陪伴人类到 2025 年”。国际航空运输协会预计，全球航空客运需求到 2024 年才能恢复到疫情前的水平。同时，世界卫生组织表示，“新冠病毒进行到现在，已经很可能成为一个长期性问题。目前来说，已经再难预知病毒何时结束，或者永远不会消失了”。因此，疫情对于邮轮市场发展的影响将是持续性的，邮轮疫情防控将实现常态化发展。

2. 邮轮旅游发展智慧化

疫情冲击会对邮轮旅游新业态发展产生促进作用，并促使新业态更加成熟。疫情的发生带来的社交环境和旅游环境的变化将推动邮轮旅游智能化、数字化发展，如游客在线购票、邮轮港智能通关、智能安全演习等，其中皇家加勒比集团推广使用更快捷、更安全、更适合个人的 Muster 2.0 取代传统邮轮安全演习，乘客通过智能终端（手机、平板等）学习或熟悉安全演习，避免邮轮乘客聚集产生的传染病传播风险。

3. 邮轮旅游需求持续旺盛

根据瑞银集团（UBS）研究报告显示，2020 年受疫情影响取消邮轮行程的消费者中，选择用邮轮公司 2021 年业务代金券和选择现金退款的比例分别为 76% 和 24%。依据 CruiseCompete、美国金融博客、Travelbook 等网站的邮轮预订数据显示，疫情期间的邮轮乘客同期预订量远高于 2019 年同期预订量；cruisecritic.com 对 4600 多名邮轮游客进行的在线调查显示，75% 的被调查者计划在疫情结束后继续预订航次旅行，甚至表示将更加频繁地参与邮轮旅游。总体来看，邮轮旅行的爱好者有较高的忠诚度，尤其是北美地区和欧洲地区等邮轮旅游发展成熟的区域，邮轮旅行的需求因疫情受到压抑，将在疫情结束或疫情转好后实现井喷式爆发。

第三篇

产业复盘：中国邮轮产业发展历程回顾

一、萌芽期：2006—2009

2006年7月2日中国第一个国际邮轮母港——上海国际客运中心邮轮码头开港，同月歌诗达邮轮公司开辟了第一条以上海为母港的邮轮航线，中国母港邮轮经济正式“启航”。紧接着，同年11月，三亚凤凰岛国际邮轮港成为中国第二个母港，自此邮轮经济逐步向东南亚转移。作为中国第一个国际邮轮专用港口，它依然在不断扩展与发展，为我国邮轮业带来空前的发展机遇。到2009年，全国形成上海、三亚、厦门三个区域大型邮轮母港，同时上海吴淞口、天津、深圳、广州、青岛、大连、海口等地的邮轮母港建设规划也进入实施落地阶段，我国三大区域性邮轮港口集聚群雏形已基本显现。

萌芽期的中国邮轮市场仍然是以访问港邮轮为主，邮轮产业经济仍处于“国际邮轮到港服务阶段”。随着2008年奥运会的成功举办和2010年上海世博会的到来，中国上海等地的城市旅游吸引力进一步增强，中国沿海城市作为国际邮轮航线带上的新兴节点备受国际邮轮公司的关注，国际邮轮公司布局中国市场的速度进一步加快，歌诗达邮轮（2006年）、皇家加勒比游轮（2009年）这两大国际知名邮轮公司相继在中国上海设立了分支机构，进驻中国母港邮轮市场。由此，萌芽期的中国邮轮市场格局也开始逐步发生转变，访问港邮轮的艘次和接待游客量出现下降趋势并保持相对稳定，母港邮轮的艘次和接待游客量则持续提升。因此，我国邮轮产业即将进入以“邮轮到港服务与母港邮轮游客出境服务并举”为特征的新阶段，同时也标志着我国邮轮产业进入快速发展轨道的趋势已经显露。

表 3-1　2006—2009 年全国邮轮港口数据

年份	接待邮轮艘次（艘次）				接待游客量（万人次）			
	母港	增长率	访问港	增长率	母港	增长率	访问港	增长率
2006	18	—	304	—	1.8	—	36.51	—
2007	11	-38.89%	336	10.53%	3.2	77.78%	34.73	-4.88%
2008	28	154.55%	318	-5.36%	5.7	78.13%	43	23.81%
2009	40	42.86%	219	-31.13%	10.3	80.70%	24.08	-44.00%

数据来源：中港协邮轮游艇码头分会 .

该时期的邮轮产业发展正式开始引起中央和地方各级政府的关注和重视，各级政府邮轮产业发展政策也迈出关键性的起始步伐。2008 年 6 月国家发展和改革委员会下发了《关于促进我国邮轮经济发展的指导意见》，2009 年 3 月国务院常务会议提出“促进和规范邮轮产业发展”，2009 年 7 月工业和信息化部将豪华邮轮列为我国造船业的研发重点，2009 年 11 月交通运输部宣布经特案批准，外籍邮轮在我国境内可以实现多港挂靠，公安部发布了方便中外邮轮旅客出入境边防检查的 4 条措施，海关总署简化邮轮旅客出入境通关手续。这一系列从无到有的政策措施正式打开了我国邮轮产业政策体系持续创新优化的大门，为完善我国邮轮产业发展政策环境打下了坚实基础，增强了下一时期邮轮市场快速发展的推动力。

但我们必须看到萌芽期的我国邮轮经济起步不久，广大群众对邮轮旅游的消费认知不够，多数港口城市腹地客源不足、集散不便，当地邮轮维修服务、商品供应能力不强、始发邮轮班次少，特别是没有国际邮轮公司总部、没有自己的邮轮公司等先天缺陷。必须正视当前国家相关政策法规建设跟不上邮轮经济发展的现实，在邮轮旅游行业定位、行业管理、游客服务、邮轮旅游产品以及母港布局、口岸管理、邮轮航行、邮轮停靠、运行管理等方面还存在诸多政策制约。

二、增长期：2010—2017

步入 2010 年后中国邮轮市场潜力得到进一步释放，国际邮轮公司进驻中国市场的热情日趋高涨，继歌诗达邮轮、皇家加勒比游轮、丽星邮轮进驻之后，地中海邮轮、公主邮轮、诺唯真游轮等多数国际知名邮轮公司纷纷布局中国母港邮轮市场，加大对中国市场的运力投入，邮轮品牌多样化明显，市场竞争也日益激烈，这段时期呈现着市场供给刺激着中国邮轮需求提升与产业繁荣的特征。尤其是在皇家加勒比的“大船化”战略引领下，率先在中国市场部署和经营世界级豪华邮轮，不断引进吨位大、船龄新、设施先进的邮轮，推动了邮轮市场船舶更新换代，引领中国邮轮行业进入“大船时代”，而市场反馈也印证了大型豪华邮轮更受中国游客青睐，邮轮旅游市场迎来爆发式增长，据中国交通运输协会邮轮游艇分会 CCYIA 统计，从 2010 年到 2017 年，中国邮轮港口接待邮轮艘次从 294 增长至 1103，接待邮轮出入境旅客从 48.08 万人次攀升至 495.43 万人次，年平均增长达到 40% 以上，中国也在该阶段发展成为全球第二大邮轮客源市场。

表 3-2 2010—2017 年全国邮轮港口数据

年份	接待邮轮艘次（艘次）				接待游客量（万人次）			
	母港	增长率	访问港	增长率	母港	增长率	访问港	增长率
2010	79	97.50%	215	−1.83%	22.2	115.53%	25.88	7.48%
2011	110	39.24%	162	−24.65%	18.8	−15.32%	29.05	12.25%
2012	169	53.64%	106	−34.57%	41.22	119.26%	24.47	−15.77%
2013	335	98.22%	71	−33.02%	102.4	148.42%	17.75	−27.46%
2014	366	9.25%	100	40.85%	147.9	44.43%	24.47	37.86%
2015	539	47.27%	90	−10.00%	222.4	50.37%	25.6	4.62%
2016	927	71.99%	83	−7.78%	428.9	92.85%	27.76	8.44%
2017	1024	10.46%	79	−4.82%	478	11.45%	17.43	−37.21%

数据来源：中港协邮轮游艇码头分会 .

我国邮轮产业发展环境也在该阶段进一步优化，邮轮产业政策支持力度持续加大，国务院、国家发改委、交通运输部、文旅局等从国家层面在促进邮轮产业发展、港口规划指导、邮轮设计建造、邮轮旅游消费升级等方面给予了大量的支持，在有关邮轮政策方面积极探索革新。各大邮轮港口建设改造进程也在不断加快，并且在《全国沿海邮轮港口布局规划方案》的政策方案指导下，已初步形成了三大邮轮港口区域集群：以上海吴淞口国际邮轮母港为核心的长三角邮轮港口集群；以天津国际邮轮母港和大连国际邮轮母港为首的北部邮轮港口集群；以及以广州国际邮轮母港、深圳蛇口国际邮轮母港为主的南部邮轮港口集群。

整体而言，该时期沿海母港邮轮市场规模以超高速增长，并遥遥领先访问港邮轮市场规模，邮轮母港经济迈上新台阶，邮轮港口建设也更聚焦周边商业配套功能设施建设与邮轮服务接待流程优化等。而在 2017 年邮轮市场增长放缓的情况下，众多产业发展问题已开始显现。一是沿海邮轮港口建设热潮火爆的同时也带来了无序扩张的问题，区域邮轮港口竞争加剧，导致邮轮港口经营两极分化严重，港口联动合作成为共同诉求。二是此时期的我国邮轮经济仍然是围绕国外邮轮公司，通过邮轮港口承接邮轮接待服务，产业上游的邮轮制造与中游的邮轮企业运营仍处于摸索阶段，邮轮经济贡献不高，邮轮产业经济效益有待进一步挖掘。三是随着邮轮公司运营部署的增加，“包船模式”的弊端更为突出，在市场供给量迅速增长的同时，中国游客的需求并未及时同步，供过于求导致包船商的低价恶性竞争，引发邮轮市场低价困境，造成不健康的市场供需关系。

面对该时期邮轮产业发展的突出问题以及发展形势要求，中国邮轮产业发展也开始逐步转向邮轮全产业链的延伸，具体表现在本土邮轮船队的建设与邮轮设计建造的探索等方面。海航邮轮、上海大昂天海邮轮以及钻石国际邮轮公司等本土邮轮企业先后进入邮轮运营市场进行探索；外高桥船厂与招商重工先后承接了邮轮建造订单，邮轮本土化发展成为重点和方向，邮轮全产业链雏形显现，中国邮轮产业转向变革发展也初现端倪。

三、调整期：2018—2019 阶段蓄力与 2020 疫情冲击

在经历了萌芽培育到高速发展后，受地缘政治影响，以及长期积累的分销渠道、过度竞争等问题的集中爆发，同时伴随着部分国际邮轮公司的全球战略布局调整，我国邮轮市场结束了前几年的高速扩张，于 2017 年市场增速明显放缓，2018 年市场规模在多年的高速增长后首次出现下降，随之正式进入从“高速度增长”转向“高质量、高品位发展”的战略调整期。2019 年市场规模持续下降，全年我国邮轮港口接待邮轮 804 艘次，同比减少 11%；接待出入境游客量 413.5 万人次，同比减少 14%。2020 年受疫情影响，中国于 1 月底率先停航，邮轮港口随即停止接待邮轮靠泊，至今（截至 2021 年 6 月）仍未恢复日常运营，致使邮轮市场规模断崖式下降。

表 3–3　2018—2020 年全国邮轮港口数据

年份	接待邮轮艘次（艘次）				接待游客量（万人次）			
	母港	增长率	访问港	增长率	母港	增长率	访问港	增长率
2018	828	−19.14%	74	−6.33%	465.07	−2.71%	17.13	−1.72%
2019	728	−12.08%	76	2.70%	395.64	−14.93%	17.86	4.26%
2020	55	−92.45%	2	−97.37%	24.22	−93.88%	0.26	−98.54%

数据来源：中港协邮轮游艇码头分会 .

战略调整阶段中国邮轮产业发展的具体表现在：一方面，邮轮旅游市场结束了过去"野蛮式"的快速增长，市场增长趋于平缓，但基于当前中国邮轮市场渗透率提升空间大以及邮轮船舶更新换代加速推进，市场增长潜力仍在；另一方面，邮轮政策更为细致且凸显，在产业政策的大力支持下，邮轮全产业链发展实质性启动，中国本土邮轮经济链条得以扩展，进一步扩大邮轮产业经济效益的需求更为迫切，且在不断深化产业链发展的同时邮轮产业迈向高质量发展的步伐不断加快。

受 2020 年疫情影响，在外部环境不确定性加强的情况下，中国邮轮产业的战略调整期或将进一步延长，产业发展提质增效的节奏日益加快。该时期的中国邮轮市场正在从超预期数量增长向稳健发展转变，从注重数量的发展向促进邮轮产品的升级转变，从以大船、新船的供给刺激需求模式向市场需求引导邮轮产品供给转变。业界对中国邮轮市场规律的认识不断加深，不断加强对产品品质的重视力度，重视新产品的开发，提升游客体验和满意度。在本土化全产业链发展方面，持续推进邮轮设计建造技术吸收与自主再创新，保障首艘国产大型豪华邮轮的按期交付，进一步提升邮轮自主建造能力；由国有资本强力支持组建而成的中船嘉年华、招商维京、星旅远洋等一批新晋中资邮轮公司也在持续发力，构建本土邮轮船队，参与邮轮市场竞争。未来，在双循环新发展格局下，中国邮轮产业发展将持续聚焦本土化发展战略，稳固邮轮市场健康发展，积极参与全球邮轮产业链协同，推动全球邮轮产业共同发展。

四、中国邮轮市场大全

（一）海洋邮轮

表 3-4　2006—2021 年中国大陆邮轮市场运营邮轮一览表

歌诗达邮轮"爱兰歌娜号"

船舶概况	
建造年份	1992 年
进入中国年份	2006 年 7 月
吨位	28 500 吨
船长 × 船宽	188 米 × 26 米
标准载客量	798 人
船籍	意大利

续表

丽星邮轮“天秤星号”

船舶概况	
建造年份	1988 年
进入中国年份	2007 年 11 月
吨位	42 285 吨
船长 × 船宽	216.3 米 × 32.64 米
标准载客量	1480 人
船籍	巴哈马

丽星邮轮“处女星号”

船舶概况	
建造年份	1999 年
进入中国年份	2008 年 4 月
吨位	75 338 吨
船长 × 船宽	268 米 × 32 米
标准载客量	1870 人
船籍	巴哈马

皇家加勒比国际游轮“海洋神话号”

船舶概况	
建造年份	1995 年
进入中国年份	2009 年 2 月
吨位	70 000 吨
船长 × 船宽	264.2 米 × 32 米
标准载客量	1832 人
船籍	巴哈马

歌诗达邮轮“经典号”

船舶概况	
建造年份	1991 年
进入中国年份	2009 年 4 月
吨位	52 926 吨
船长 × 船宽	220.6 米 × 30.8 米
标准载客量	1308 人
船籍	意大利

续表

丽星邮轮“宝瓶星号”

船舶概况	
建造年份	1993 年
进入中国年份	2011 年 11 月
吨位	51 039 吨
船长 × 船宽	229.84 米 ×28.5 米
标准载客量	1512 人
船籍	巴哈马

歌诗达邮轮“维多利亚号”

船舶概况	
建造年份	1996 年
进入中国年份	2012 年 5 月
吨位	75 166 吨
船长 × 船宽	252 米 ×32 米
标准载客量	1928 人
船籍	意大利

皇家加勒比国际游轮“海洋航行者号”

船舶概况	
建造年份	1999 年
进入中国年份	2012 年 6 月
吨位	138 000 吨
船长 × 船宽	311 米 ×48 米
标准载客量	3974 人
船籍	巴哈马

海航邮轮“海娜号”

船舶概况	
建造年份	/
进入中国年份	2013 年 1 月
吨位	47 000 吨
船长 × 船宽	223 米 ×28 米
标准载客量	1478 人
船籍	/

续表

丽星邮轮“双子星号”

船舶概况	
建造年份	1992 年
进入中国年份	2013 年 2 月
吨位	50 764 吨
船长 × 船宽	230 米 ×29 米
标准载客量	1530 人
船籍	巴哈马

皇家加勒比国际游轮“海洋水手号”

船舶概况	
建造年份	2003 年
进入中国年份	2013 年 6 月
吨位	138 279 吨
船长 × 船宽	310 米 ×48 米
标准载客量	3114 人
船籍	巴哈马

歌诗达邮轮“大西洋号”

船舶概况	
建造年份	2000 年
进入中国年份	2013 年 7 月
吨位	85 619 吨
船长 × 船宽	292.5 米 ×32.2 米
标准载客量	2210 人
船籍	意大利

公主邮轮“蓝宝石公主号”

船舶概况	
建造年份	2004 年
进入中国年份	2014 年 5 月
吨位	115 875 吨
船长 × 船宽	290 米 ×48 米
标准载客量	2674 人
船籍	百慕大

续表

渤海邮轮“中华泰山号”

船舶概况	
建造年份	2000 年
进入中国年份	2014 年 8 月
吨位	24 500 吨
船长 × 船宽	180.4 米 ×25.5 米
标准载客量	792 人
船籍	利比里亚

歌诗达邮轮“赛琳娜号”

船舶概况	
建造年份	2007 年
进入中国年份	2015 年 4 月
吨位	114 500 吨
船长 × 船宽	290 米 ×35.5 米
标准载客量	3000 人
船籍	意大利

天海邮轮“新世纪号”

船舶概况	
建造年份	1995 年
进入中国年份	2015 年 5 月
吨位	71 545 吨
船长 × 船宽	246 米 ×32 米
标准载客量	1814 人
船籍	/

皇家加勒比国际游轮“海洋量子号”

船舶概况	
建造年份	2014 年
进入中国年份	2015 年 6 月
吨位	167 800 吨
船长 × 船宽	348 米 ×41 米
标准载客量	4905 人
船籍	巴哈马

续表

歌诗达邮轮“幸运号”

船舶概况	
建造年份	2003 年
进入中国年份	2016 年 4 月
吨位	103 000 吨
船长 × 船宽	272 米 ×35.5 米
标准载客量	2716 人
船籍	意大利

地中海邮轮“抒情号”

船舶概况	
建造年份	2002 年
进入中国年份	2016 年 5 月
吨位	65 591 吨
船长 × 船宽	274.9 米 ×32 米
标准载客量	2621 人
船籍	巴拿马

公主邮轮“黄金公主号”

船舶概况	
建造年份	2001 年
进入中国年份	2016 年 6 月
吨位	109 000 吨
船长 × 船宽	290 米 ×48.46 米
标准载客量	2600 人
船籍	百慕大

皇家加勒比国际游轮“海洋赞礼号”

船舶概况	
建造年份	2016 年
进入中国年份	2016 年 6 月
吨位	167 800 吨
船长 × 船宽	348 米 ×41 米
标准载客量	4180 人
船籍	巴哈马

续表

钻石国际邮轮“辉煌号”

船舶概况	
建造年份	2002 年
进入中国年份	2016 年 7 月
吨位	45 000 吨
船长 × 船宽	180.45 米 × 28 米
标准载客量	1300 人
船籍	中国（巴哈马）

星梦邮轮“云顶梦号”

船舶概况	
建造年份	2016 年
进入中国年份	2016 年 11 月
吨位	151 300 吨
船长 × 船宽	335 米 × 40 米
标准载客量	3064 人
船籍	巴哈马

银海邮轮“银影号”

船舶概况	
建造年份	2000 年
进入中国年份	2017 年 2 月
吨位	28 258 吨
船长 × 船宽	186 米 × 24.9 米
标准载客量	388 人
船籍	巴哈马

歌诗达邮轮“新浪漫号”

船舶概况	
建造年份	1993 年
进入中国年份	2017 年 4 月
吨位	57 150 吨
船长 × 船宽	220.6 米 × 30.8 米
标准载客量	1578 人
船籍	意大利

续表

诺唯真游轮“喜悦号”

船舶概况	
建造年份	2017 年
进入中国年份	2017 年 6 月
吨位	167 725 吨
船长 × 船宽	334 米 ×41.5 米
标准载客量	3850 人
船籍	巴哈马

公主邮轮“盛世公主号”

船舶概况	
建造年份	2016 年
进入中国年份	2017 年 7 月
吨位	143 000 吨
船长 × 船宽	330 米 ×38.4 米
标准载客量	3560 人
船籍	英国

星梦邮轮“世界梦号”

船舶概况	
建造年份	2017 年
进入中国年份	2017 年 11 月
吨位	151 300 吨
船长 × 船宽	335 米 ×40 米
标准载客量	3064 人
船籍	巴哈马

地中海邮轮“辉煌号”

船舶概况	
建造年份	2009 年
进入中国年份	2018 年 5 月
吨位	137 936 吨
船长 × 船宽	333 米 ×37 米
标准载客量	3274 人
船籍	巴拿马

续表

星梦邮轮“探索梦号”

船舶概况	
建造年份	1999 年
进入中国年份	2019 年 4 月
吨位	75 338 吨
船长 × 船宽	268 米 × 32 米
标准载客量	1870 人
船籍	巴哈马

歌诗达邮轮“威尼斯号”

船舶概况	
建造年份	2017 年
进入中国年份	2019 年 6 月
吨位	135 500 吨
船长 × 船宽	323.6 米 × 37.2 米
标准载客量	4232 人
船籍	意大利

皇家加勒比国际游轮“海洋光谱号”

船舶概况	
建造年份	2017 年
进入中国年份	2019 年
吨位	168 000 吨
船长 × 船宽	3438 米 × 41 米
标准载客量	4248 人
船籍	巴哈马

星旅邮轮“鼓浪屿号”

船舶概况	
建造年份	1995 年
进入中国年份	2019 年
吨位	70 000 吨
船长 × 船宽	261 米 × 32 米
标准载客量	1800 人
船籍	百慕大

续表

中船嘉年华邮轮“歌诗达大西洋号”

船舶概况	
建造年份	2000 年
进入中国年份	2020 年 1 月
吨位	85 861 吨
船长 × 船宽	292.56 米 × 32.2 米
标准载客量	2210 人
船籍	意大利

招商维京邮轮“伊敦号”

船舶概况	
建造年份	2017 年
进入中国年份	2021 年 3 月
吨位	47 800 吨
船长 × 船宽	228.2 米 × 28.8 米
标准载客量	930 人
船籍	中国

福熙永乐邮轮“憧憬号”

船舶概况	
建造年份	1998 年
进入中国年份	2021 年 3 月
吨位	77 499 吨
船长 × 船宽	261.31 米 × 32.25 米
标准载客量	2222 人
船籍	利比里亚

蓝梦邮轮“蓝梦之星”

船舶概况	
建造年份	2001 年下水
进入中国年份	2020 年 4 月
吨位	25 000 吨
船长 × 船宽	181.4 米 × 25.2 米
标准载客量	836 人
船籍	利比里亚

续表

世纪游轮“世纪和谐号”		
	船舶概况	
	建造年份	1994 年
	进入中国年份	/
	吨位	70 538 吨
	船长 × 船宽	262 米 ×32 米
	标准载客量	2056 人
	船籍	巴拿马
中船嘉年华邮轮“地中海号”		
	船舶概况	
	建造年份	2003 年
	进入中国年份	2021 年 4 月
	吨位	70 538 吨
	船长 × 船宽	292 米 ×32 米
	标准载客量	2114 人
	船籍	意大利

资料来源：根据邮轮公司官网整理，2021.

（二）长江游轮

1. 20 世纪 70 年代—2019 年

表 3–5　1978—2019 年中国长江游轮市场运营豪华游轮一览表

长江航运局“昆仑号”	总统游轮“总统四号”
首航年份：1978 年	首航年份：1984 年

续表

国宾游轮“国宾六号”	国宾游轮“国宾七号”
首航年份：1984 年	首航年份：1985 年

国宾游轮“国宾一号”	国宾游轮“国宾三号”
首航年份：1986 年	首航年份：1986 年

长海游轮“神州号”	国宾游轮“国宾二号”
首航年份：1987 年	首航年份：1987 年

国宾游轮“国宾五号”	长海游轮“长江之星号”
首航年份：1987 年	首航年份：1988 年

续表

总统游轮“银河二号/总统六号”	长海游轮“长江公主号”
首航年份：1992 年	首航年份：1992 年

长海游轮“长江明珠号”	“龙腾欢乐号”
首航年份：1992 年	首航年份：1993 年

皇家游轮“仙婷号”	皇家游轮“仙娜号”
首航年份：1993 年	首航年份：1993 年

皇家游轮“仙妮号”	长江三峡东方国际“东方皇帝号”
首航年份：1993 年	首航年份：1994 年

续表

总统游轮“总统三号”	美维游轮“美维凯莎号”
首航年份：1994 年	首航年份：1994 年

长海游轮“蓝鲸号”	总统游轮“总统一号”
首航年份：1995 年	首航年份：1995 年

探索游轮“长江探索号”	重庆东方轮船公司“东方大帝号”
首航年份：1995 年	首航年份：1995 年

美维游轮“美维凯琳号”	美维游轮“美维凯娅号”
首航年份：1995 年	首航年份：1995 年

续表

长海游轮“维多利亚二号”	总统游轮“总统五号”
首航年份：1995 年	首航年份：1996 年

皇家游轮“龙腾盛世号”	美维游轮“美维凯蕾号”
首航年份：1996 年	首航年份：1996 年

美维游轮“招商号”	皇家游轮“龙腾璀璨号”
首航年份：1996 年	首航年份：1996 年

总统游轮“总统二号”	长海游轮“长江天使号”
首航年份：1997 年	首航年份：1997 年

续表

长海游轮“维多利亚一号”	皇家游轮“龙腾星光号”
首航年份：2001 年	首航年份：2003 年

世纪游轮“长江传说号”	美维游轮“美维凯蒂号”
首航年份：2003 年	首航年份：2004 年

世纪游轮“世纪天子号”	长海游轮“长江壹号”
首航年份：2005 年	首航年份：2006 年

美维游轮“美维凯娜号”	世纪游轮“世纪辉煌号”
首航年份：2006 年	首航年份：2006 年

续表

星际游轮“星际领航号”（原“世纪辉煌号”）	世纪游轮“世纪钻石号”
首航年份：2006 年	首航年份：2008 年

星际游轮“星际水晶号”（原“世纪钻石号”）	美维游轮“美维凯珍号”
首航年份：2008 年	首航年份：2009 年

长海游轮“维多利亚七号”	长海游轮“维多利亚五号”
首航年份：2010 年	首航年份：2010 年

世纪游轮“世纪宝石号”	总统游轮“总统六号”（原“总统旗舰号”）
首航年份：2010 年	首航年份：2011 年

续表

长海游轮“长江贰号”	黄金游轮“长江黄金1号”
首航年份：2011 年	首航年份：2011 年

黄金游轮“长江黄金2号”	神女游轮“华夏神女1号”
首航年份：2011 年	首航年份：2012 年

黄金游轮“长江黄金3号”	黄金游轮“长江黄金5号”
首航年份：2012 年	首航年份：2012 年

黄金游轮“长江黄金6号”	长海游轮“维多利亚三号”
首航年份：2012 年	首航年份：2012 年

续表

黄金游轮“长江黄金7号”	黄金游轮“长江黄金8号”
首航年份：2013 年	首航年份：2013 年

世纪游轮“世纪神话号”	世纪游轮“世纪传奇号”
首航年份：2013 年	首航年份：2013 年

总统游轮“总统七号”	总统游轮“总统八号”
首航年份：2013 年	首航年份：2013 年

神女游轮“华夏神女2号”	世纪游轮“世纪荣耀号”
首航年份：2014 年	首航年份：2019 年

注：船名加粗表示为目前在役游轮。

资料来源：根据游轮公司官网整理，2021.

2. 2020—2021 年

表 3-6　2020—2021 年中国长江游轮市场运营豪华游轮一览表

世纪游轮“世纪凯歌号”

船舶概况	
首航年份	2020 年
吨位	15 000 吨
船长 × 船宽	149.99 米 ×21.2 米
最大载客量	650 人

美维游轮“美维凯悦号”

船舶概况	
首航年份	2020 年
吨位	17 000 吨
船长 × 船宽	149.99 米 ×21.8 米
标准载客量	572 人

星际游轮“星际雅典娜号”

船舶概况	
首航年份	2021 年 4 月
吨位	12 000 吨
船长 × 船宽	120 米 ×19 米
标准载客量	420 人

续表

星际游轮“星际阿波罗号”		
	船舶概况	
	首航年份	2021 年 4 月
	吨位	12 000 吨
	船长 × 船宽	120 米 ×19 米
	标准载客量	432 人
神女游轮“华夏神女3号”		
	船舶概况	
	首航年份	2021 年 5 月
	吨位	15 000 吨
	船长 × 船宽	149.99 米 ×23.2 米
	标准载客量	638 人

资料来源：根据游轮公司官网整理，2021.

五、邮轮港口大全

表 3-7 中国大陆邮轮港一览表

港口名称	泊位数	泊位长度	泊位水深	靠泊吨位	最多同靠船数
大连港国际邮轮中心	1 个	419 米	-9.9 米	15 万吨	1 艘

续表

<table>
<tr><th>港口名称</th><th>泊位数</th><th>泊位长度</th><th>泊位水深</th><th>靠泊吨位</th><th>最多同靠船数</th></tr>
<tr><td rowspan="5">天津国际邮轮母港</td><td rowspan="4">4 个</td><td>312.5 米</td><td>-11.5 米</td><td>22.35 万吨</td><td rowspan="4">4 艘</td></tr>
<tr><td>312.5 米</td><td>-11.5 米</td><td>22.35 万吨</td></tr>
<tr><td>234 米</td><td>-11.5 米</td><td>22.35 万吨</td></tr>
<tr><td>253 米</td><td>-11.5 米</td><td>22.35 万吨</td></tr>
<tr><td colspan="5"></td></tr>
<tr><td rowspan="5">青岛国际邮轮母港</td><td rowspan="4">4 个</td><td>490 米</td><td>-13.5 米</td><td>22.53 万吨</td><td rowspan="4">2 艘</td></tr>
<tr><td>146 米</td><td>-7.9 米</td><td>2.9 万吨</td></tr>
<tr><td>150 米</td><td>-7.9 米</td><td>2.9 万吨</td></tr>
<tr><td>94 米</td><td>-7.10 米</td><td>2.9 万吨</td></tr>
<tr><td colspan="5">
·2020 年 3 月，提出融入青岛国际邮轮母港区总体规划；
·2021 年 3 月，青岛国际邮轮母港区更新改造进展，地下空间项目正在有序推进中，后续将启动青港商务中心项目；
·2021 年 6 月，开展“庆祝中国共产党成立 100 周年青岛主题展”。</td></tr>
</table>

续表

<table>
<tr><th>港口名称</th><th>泊位数</th><th>泊位长度</th><th>泊位水深</th><th>靠泊吨位</th><th>最多同靠船数</th></tr>
<tr><td rowspan="2">连云港国际客运站</td><td>1 个</td><td></td><td></td><td>22.5 万吨</td><td></td></tr>
<tr><td colspan="5"></td></tr>
<tr><td rowspan="4">上海国际客运中心</td><td rowspan="3">3 个</td><td>294 米</td><td>-9 至 10 米</td><td>7 万吨</td><td rowspan="3">3 艘</td></tr>
<tr><td>294 米</td><td>-9 至 10 米</td><td>7 万吨</td></tr>
<tr><td>294 米</td><td>-9 至 10 米</td><td>7 万吨</td></tr>
<tr><td colspan="5">
2020 年 6 月，上港邮轮城首次推出《邮轮城漫游手册》。</td></tr>
</table>

续表

<table>
<tr><th>港口名称</th><th>泊位数</th><th>泊位长度</th><th>泊位水深</th><th>靠泊吨位</th><th>最多同靠船数</th></tr>
<tr><td rowspan="5">吴淞口国际邮轮港</td><td rowspan="4">4 个</td><td>420 米</td><td>–11 米</td><td>15 万吨</td><td rowspan="4">4 艘</td></tr>
<tr><td>354 米</td><td>–11 米</td><td>22.5 万吨</td></tr>
<tr><td>380 米</td><td>–11 米</td><td>22.5 吨</td></tr>
<tr><td>446 米</td><td>–11 米</td><td>15 万吨</td></tr>
<tr><td colspan="5">
· 2019 年起，致力于打造五位一体智慧邮轮港；
· 2021 年 5 月 22 日，成功举办上海邮轮港国际帆船赛。</td></tr>
<tr><td rowspan="2">舟山群岛国际邮轮港</td><td>1 个</td><td>356 米</td><td>–12 米</td><td>15 万吨</td><td>1 艘</td></tr>
<tr><td colspan="5">

· 2020 年 1 月，“鼓浪屿号”首靠舟山国际邮轮港，开启国内首个多点挂靠航次；
· 2021 年 8 月，“蓝梦之星”邮轮首靠舟山群岛国际邮轮港。</td></tr>
</table>

续表

港口名称	泊位数	泊位长度	泊位水深	靠泊吨位	最多同靠船数
温州国际邮轮港	1个	356米	-12米	15万吨	1艘

厦门国际邮轮中心	4个	419米	-10.0米	15万吨	4艘
		324米	-9.0米	8万吨	
		346米	-9.0米	8万吨	
		241米	-5.2米	3000吨滚装	
厦门国际邮轮中心	 ·2020年1月，厦门国际邮轮中心启用出入境自助机； ·2020年上半年，厦门国际邮轮母港泊位改造工程竣工验收，共建设4个泊位，分别为1个15万吨级、2个8万吨级邮轮泊位和1个滚装泊位； ·2020年8月，厦门国际邮轮中心码头确定承接两岸“小三通”货运业务，2021年5月正式开始业务转移； ·2021年3月，厦门国际邮轮母港区提升改造工程中二期航站楼成功封顶，预计2022年4月竣工； ·2021年4月，厦门邮轮港海关联合厦门国际邮轮母港开展全民国家安全教育日宣传活动； ·2021年5月，融创文旅与厦门国际邮轮母港签订战略合作协议，共建厦门欢乐生活新图景。				

续表

<table>
<tr><th>港口名称</th><th>泊位数</th><th>泊位长度</th><th>泊位水深</th><th>靠泊吨位</th><th>最多同靠船数</th></tr>
<tr><td rowspan="3">深圳太子湾邮轮母港</td><td rowspan="2">2 个</td><td>409 米</td><td>-10.7 米</td><td>22 万吨</td><td rowspan="2">2 艘</td></tr>
<tr><td>354 米</td><td>-10 米</td><td>10 万吨级</td></tr>
<tr><td colspan="5">
2021 年 4 月，招商维京“伊敦号”首靠太子湾邮轮港。</td></tr>
<tr><td rowspan="3">广州南沙国际邮轮母港</td><td rowspan="2">2 个</td><td>325 米</td><td>-10 米</td><td>10 万吨</td><td rowspan="2">2 艘</td></tr>
<tr><td>445 米</td><td>-11.8 米</td><td>22.5 万吨</td></tr>
<tr><td colspan="5">
2020 年 7 月，举办全国首个邮轮母港音乐节。</td></tr>
</table>

续表

<table>
<tr><th>港口名称</th><th>泊位数</th><th>泊位长度</th><th>泊位水深</th><th>靠泊吨位</th><th>最多同靠船数</th></tr>
<tr><td rowspan="4">三亚凤凰岛国际邮轮港</td><td rowspan="3">3 个</td><td>370 米</td><td>-10.6 米</td><td>8 万吨</td><td rowspan="3">4 艘</td></tr>
<tr><td>432 米</td><td>-11.6 米</td><td>15 万吨</td></tr>
<tr><td>398 米</td><td>-11.6 米</td><td>15 万吨</td></tr>
<tr><td colspan="5">
·2019 年 7 月，海南省颁布《海南邮轮港口海上游航线试点实施方案》，将在三亚凤凰岛国际邮轮港开展非五星红旗邮轮海上游航线试点；
·2021 年 5 月，三亚凤凰岛邮轮港二期开工。</td></tr>
<tr><td rowspan="3">海口港（秀英港）</td><td rowspan="2">2 个</td><td>225 米</td><td>-10.2 米</td><td>1.25 万吨</td><td rowspan="2">2 艘</td></tr>
<tr><td>295 米</td><td>-13.3 米</td><td>4.5 万吨</td></tr>
<tr><td colspan="5"></td></tr>
</table>

资料来源：邮轮港官网、邮轮港运营管理公司，2021.

第四篇
疫情前后：中国邮轮市场新挑战新契机

一、新挑战

（一）政策环境

2020 年 1 月底，国家交通运输部第一时间暂停了中国大陆港口始发的国际邮轮，涉及全球 7 家国际邮轮公司共 10 艘国际邮轮；与邮轮产业相关的政府部门相继出台了相关防控措施，如中华人民共和国海事局 2020 年 3 月发布了《船舶船员新冠肺炎疫情防控操作指南（V1.0）》的通告；交通运输部、外交部、国家卫生健康委、海关总署、国家移民管理局等部门 2020 年 4 月联合发布了关于疫情防控期间针对伤病船员紧急救助处置的指导意见；交通运输部、外交部、国家卫生健康委、海关总署、国家移民管理局和中国民用航空局六部门 2020 年 4 月联合印发了《关于精准做好国际航行船舶船员疫情防控工作的通知》。

截至 2021 年 6 月，我国邮轮市场仅南海西沙航线、长江游轮航线等实现复航，国际邮轮受限处于全面停航状态。其中，中资邮轮中星旅远洋邮轮旗下“鼓浪屿号”邮轮已获得首张邮轮港口海上游航线试点经营许可证，目前在积极争取国内复航；皇家加勒比游轮、地中海邮轮等国际邮轮纷纷计划推进上海海上游试点复航，但国内疫情反复，国际邮轮复航政策一直未开放。

（二）邮轮公司运营

2020 年受新冠疫情影响，在中国市场运营的歌诗达邮轮、皇家加勒比国际游轮、挪威邮轮、地中海邮轮、丽星邮轮、星梦邮轮等国际邮轮公司和渤海邮轮、星旅邮轮等中资邮轮公司，除了年初运营的零星航次外，各大邮轮公司相继宣布暂停中国市场的运营，但其并未动摇外籍邮轮公司在中国运营的坚定信心。此外，2020 年新组建邮轮船队的中船嘉年华邮轮、蓝梦邮轮、招商局维京游轮、三亚国际邮轮公司、世纪和谐邮轮等中资公司旗下邮轮暂未正式运营。

1. 邮轮公司全面停航抗疫

（1）歌诗达邮轮

实施疫情防控举措：①暂停邮轮运营业务，遣返游客及船员，提供退改票服务，延迟新船交付；②与世界领先的公共卫生、流行病学和政策专家合作，制定邮轮防疫规程。

承担的社会责任：2020 年 2 月，歌诗达邮轮捐赠 100 000 只高级别防护口罩，以驰援我国武汉新冠肺炎疫情的防控工作。

（2）皇家加勒比游轮

实施疫情防控举措：①第一时间设立服务专线，成立专门的应急小组对疫情情况及相关政策进行全面沟通跟进；②全面升级船上安全及医疗措施，启动更高级别的防疫措施和系统，对船上所有空间和人员进行更为严格的监管；③为宾客提供免费取消和改签政策，全面保障游客权益。

承担的社会责任：① 2020 年 2 月，皇家加勒比游轮紧急协调了各方资源，向中国捐赠 100 万只 N95 防护口罩、24 000 多副防护镜、4000 多副防护面屏、2947 箱医用手套和 2800 件防护服，供政府分发到受影响的地区，与中国人民共同抵抗新型冠状病毒疫情；②皇家加勒比游轮计划在新冠肺炎疫情结束后的指定期间内，推出免费的游轮福利，以提供免费航程的方式，答谢在此次疫情防控阻击战中奋斗在“抗疫”一线的医护人员。

（3）云顶邮轮（星梦邮轮、丽星邮轮）

实施疫情防控举措：①疫情初期快速启动船上防疫应急机制，落实最高标准的卫生防疫措施；②官宣停航，并开展退改票业务；③第一时间对船上已有的防控流程和应急响应机制进行了审核和评估，根据新冠疫情的传播特点制定了一套全新、全面的邮轮防控细则，并率先制定颁布邮轮业界第一套邮轮防疫指南；④时刻关注员工及工作环境的防疫卫生，针对员工和工作环境制定了相应的防疫规则。

承担的社会责任：①云顶邮轮向马来西亚卫生部下属医院捐赠价值约 45 万美元的一次性病毒咽拭子和采样管以及价值 12 万美元的个人防护设备，向印尼政府捐赠了价值约 63 万美元的医疗设备和用品；②云顶邮轮先后派遣旗下丽星邮轮“双子星号”及“宝瓶星号”至新加坡，支援狮城政府遏制新冠疫情，为已痊愈的狮城客工提供临时海上住宿。

（4）地中海邮轮公司

实施疫情防控举措：①在疫情初期快速升级船上防疫等级，并制定早发现、早报告、早隔离的应急措施；②春节期间主动为乘客提供免费的退改票保障；③为解决船员归宿问题，地中海邮轮通过包机方式将各国船员安全遣返。

承担的社会责任：地中海邮轮通过地中海基金会在欧洲紧急采购 10 万只欧标的医用口罩提供给湖北抗疫一线的工作人员。

（5）星旅远洋

实施疫情防控举措：①疫情发生初期，星旅远洋主要通过制定并实施疫情防控应急预案，并及时宣布停航，妥善开展退票业务，做好旅客安抚工作；②基于组织管理，星旅远洋从硬件和软件两个方面积极开展邮轮抗疫工作，包括安排员工居家办公，吸取“钻石公主号”邮轮病毒感染事件的经验教训，进行“鼓浪屿号”邮轮的防疫设施的升级改造和常态化防疫流程的优化，如定期组织消毒消杀，坚持测温、开展核酸检测，控制中高风险地区访客的登船，等等；③在国内新冠疫苗注射普及后，积极引导、组织船员和岸基员工接种疫苗。

承担的社会责任：①星旅远洋邮轮母公司之一的中国旅游集团通过国资委捐赠现金 2000 万元；②星旅远洋邮轮通过集团在武汉企业舵落口物流公司直接捐赠现金 400 万用于支持湖北省等疫情严重地区的疫情防控工作；③中国旅游集团旗下中国免税品集团（柬埔寨）有限公司捐赠的 2 万只医用口罩于 2020 年 1 月 25 日顺利抵达武汉，并移交武汉儿童医院、武汉市第三医院等机构。

（6）渤海轮渡

实施疫情防控举措：①公司成立疫情防控领导小组，船舶成立船舶疫情防控工作小组，从严、从实、从细做好水上交通运输环节各项疫情防控工作；②全面升级船上疫情防控措施，对旅客实施三次测温制度，保障船上消毒全覆盖，建立健全通风机制，落实船员防护关，强化疫情防控物料供应等。

承担的社会责任：①为支援一线抗击疫情，公司向抗疫一线有关单位和人员捐赠 5 万只口罩；②为支援湖北抗击疫情，积极发动全体员工为疫区捐款 20 多万元；③为旅客免费提供口罩近 3 万只；④大连、青岛发生疫情后，按疫情防控要求，登船司机必须进行核酸检测，公司共为近 3000 名司机做了核酸检测。

2. 中资邮轮相继组建船队

（1）中资邮轮规模稳步扩大

2020 年至今，我国在完善邮轮产业链发展过程中，本土邮轮船队逐渐扩大，在 2019 年星旅远洋国际邮轮有限公司购置“鼓浪屿号”邮轮投入中国市场运营后，中船嘉年华邮轮有限公司、招商局维京游轮有限公司、三亚国际邮轮发展有限公司、上海蓝梦国际邮轮股份有限公司、世纪和谐邮轮有限公司等积极购置或自主建造邮轮，等待国内邮轮市场复航。由此可见，我国本土邮轮公司及其船队已具规模，国内邮轮市场全面发展指日可待。

表 4-1 中资邮轮船队概览 2020—2021

邮轮公司	船名	母公司	公司性质
渤海邮轮有限公司	中华泰山号	渤海轮渡集团股份有限公司	中资
星旅远洋国际邮轮有限公司	鼓浪屿号	中国旅游集团 / 中国远洋海运集团	中资
中船嘉年华邮轮有限公司	地中海号 大西洋号	中国船舶工业集团有限公司	中外合资
招商局维京游轮有限公司	伊敦号	招商局蛇口工业区控股股份有限公司	中外合资
三亚国际邮轮发展有限公司	福熙憧憬号	中国交通建设股份有限公司	中资
上海蓝梦国际邮轮股份有限公司	蓝梦之星号	福建中运投资集团有限责任公司	中资
世纪和谐邮轮有限公司	世纪和谐号	重庆冠达控股集团有限公司	中资

资料来源：上海海事大学亚洲邮轮学院整理，2021.

星旅远洋邮轮。星旅远洋邮轮有限公司旗下第一艘邮轮“鼓浪屿号”于 2019 年 9 月首航，是两大央企进军国际豪华邮轮产业打造邮轮民族品牌的首艘邮轮。“鼓浪屿号”前身是“奥利安娜号”，1995 年由德国的迈尔造船厂建造，总吨位 69 153 吨，在希腊进行视觉体系改造后正式更名星旅远洋邮轮“鼓浪屿号”。

中船嘉年华邮轮。中船嘉年华邮轮有限公司（简称中船嘉年华邮轮）由中国船舶集团旗下的全资子公司中船邮轮科技发展有限公司与嘉年华集团两方合资组建，双方持股比例为 60% 和 40%。中船嘉年华拥有旗下第一艘邮轮“歌诗达大西洋号”，目前正在积极推广及销售，其将继续沿用歌诗达邮轮品牌，其姊妹船歌诗达“地中海号”2021 年交付，将开启在中国市场的运营。

蓝梦邮轮。上海蓝梦国际邮轮股份有限公司（简称蓝梦邮轮）为福建中运投资集团有限责任公司旗下子公司，2020 年 4 月，蓝梦邮轮收购二手邮轮并更名“蓝梦之星”（Blue Dream Star），进行全面翻新改装。

招商局维京游轮。招商局维京游轮有限公司（简称招商维京游轮）由招商局集团旗下招商蛇口与维京游轮合资组建，招商“伊敦号”是合资公司旗下的第一艘船，悬挂五星红旗。2021 年 4 月，“维京太阳号”邮轮在深圳海关监管下完成进境通关手续，正式入境靠泊。在完成维修、更换标志和所有权转移后，正式转入中国船籍并交付使用，成为历史上第一艘悬挂五星红旗的高端远洋邮轮，计划在 2021 年以国内目的地体验为核心打造高端国内海轮游。

福熙邮轮。三亚国际邮轮发展有限公司于 2015 年年底创办，隶属中国交建旗下中交海洋投资控股有限公司，2020 年购买了原为公主邮轮公司旗下“碧海公主号”邮轮，并更名为福熙“憧憬号”，未来将以三亚为母港始发进行常态化运营。

世纪冠达邮轮。隶属重庆冠达控股集团有限公司全资子公司重庆冠达世纪游轮有限公司，母公司旗下拥有 12 艘长江豪华游轮船队，是中国内河游轮产业标杆企业和中国水上旅游资源整合运营商。2020 年 10 月，该公司收购了嘉年华邮轮公司旗下“魅力号”邮轮，现更名为“世纪和谐号”，将投入中国市场运营。

（2）中资邮轮有待破局

邮轮运营属于资本密集型，现阶段，我国试水邮轮运营邮轮的企业以央企为主，少部分资本或实力雄厚的民营企业也进军邮轮运营。疫情是中国邮轮发展的双刃剑，一方面海洋邮轮全面停摆，邮轮公司、邮轮港等企业损失惨重；另一方面，疫情造成全球邮轮市场不景气，国际邮轮集团纷纷低价出售旗下老旧运力，中资邮轮公司紧抓窗口期和机遇期以较低的价格收购二手邮轮试水邮轮运营，由 2019 年中国市场布局 2 艘中资邮轮到 2021 年的 8 艘中资邮轮。在此大背景下，国内如何通过我国自主设计建造邮轮、收购二手邮轮等路径扩大船队规模、形成中资品牌效应，破局中国邮轮市场现阶段国际邮轮集团寡头垄断的问题是一大挑战。

（3）中资邮轮市场竞争进一步加剧

现阶段，我国投入运营的中资邮轮以 7 万吨级邮轮为主，除招商“伊敦号”邮轮外，其他邮轮多为 20 年船龄以上的老旧运力，邮轮产品同质化严重，如各大邮轮品牌定位不精准，将很难发挥品牌优势，同时可能引起恶性竞争。

3. 海洋邮轮积极推动复航

（1）歌诗达邮轮

第一，与政府卫生当局、公共卫生专家、当地港口和 CLIA 合作制定健康、安全的卫生规程，包括筛查、医疗中心和加强的卫生程序等。

第二，随着疫苗的普及，嘉年华邮轮公司灵活更改乘客登船政策，其将于 2021 年 7 月恢复的一艘邮轮要求船上 95% 的乘客提供新冠疫苗接种证明，接种疫苗的乘客不需要戴口罩或保持身体距离。

（2）皇家加勒比游轮

第一，皇家加勒比集团与业内专家合作成立了“安心启航专家组”，由全球公认的来自医学实践和研究、公共卫生、传染病、生物安全、酒店管理和海事领域的顶级专家组成。

第二，2020 年 9 月初，专家组为安全复航提供了 74 条详细的防疫举措。

第三，恢复运营后，皇家加勒比将在人们旅行的每一步都采用严格的防疫措施，包括行前检测和健康筛查，升级的、加强过滤的通风和空调系统，严格的清洁消毒流程，加大物理距离、人群密度控制，专业的医疗和船上设施等。随着新的程序和新的技术的出现，这些防疫措施也将不断被评估和进一步提升。

（3）云顶邮轮（星梦邮轮、丽星邮轮）

第一，云顶邮轮对船上已有的防控流程和应急机制进行审核和评估，并制定更全面和完善的邮轮防控细则，从岸上到船上打造严格的防控环节，确保一切遵循海事业感染风险管理及防控认证 CIP-M 的标准及各地政府的防疫规定。

第二，在公众较为关心的新风系统上，集团旗下每艘邮轮均配备先进的新风系统，为所有客房及公共空间提供 100% 室外新鲜空气，不循环不交叉，为旅客带来真正安心无忧的邮轮旅游体验。

第三，旗下星梦邮轮“探索梦号”则获得了船级社 DNV GL 颁授的海事业感染风险管理及防控认证 CIP-M，成为全球首艘获此认证的邮轮。

（4）地中海邮轮公司

第一，推出全新健康安全规程主要包括 5 个 100：一是行前和行中对宾客和船员进行 100% 的新冠病毒检测；二是升级船上的消毒和清洁措施，并且增设 100 处洗手装置；三是船上空调是 100% 的新风模式；四是岸上游期间 100% 按照船上卫生防疫措施执行；五是通过定位手环对乘客进行 100% 定位追踪。

第二，地中海于 2021 年 6 月宣布将于欧洲航空公司合作开展大规模包机计划，游客将可以享受“家对船”无缝衔接的一站式旅程，基于此，在西地中海、东地中海和北欧三大区域，MSC 地中海邮轮今夏将为来自意大利、法国、德国、西班牙和瑞士的宾客提供更为丰富的港口、邮轮和航线选择。

（5）星旅远洋邮轮

第一，除了针对疫情变化而不断更新的防控预案之外，星旅远洋在船舶的硬件方面做了大量的改造，比如通风系统、热成像系统，等等。同时提升了产品和服务方面的质量。

第二，“鼓浪屿号”计划全部聘用中国籍船员，且确保在开航前全部接种新冠疫苗。

第三，针对国内海上游产品，在船上的娱乐活动、购物及餐饮方面进行较大幅度的调整，并利用官方渠道、抖音等平台，为复航造势。

4. 长江游轮复航一波三折

因新冠肺炎疫情影响，长江游轮旅游市场遭遇前所未有的冲击，全行业停航长达半年以上，游轮公司全线亏损，是全国最后一个复工复产的行业。2020 年 7 月 23 日，长江黄金游轮公司开启了三峡游轮复航首航，经营重庆市内航线；2020 年 8 月 1 日，宜昌隆基旅运公司开启了万州至宜昌省际游船复航首航。随着国内旅游市场的复苏，各家游轮公司陆续复航，截至 2020 年 10 月 12 日，全行业才得以全面复航。复航期间，长江游轮运营受疫情影响一波三折，但后疫情时代也催生出长江游轮产业的新变局，围绕产品、服务、渠道、营销等多方面的创新升级，摆脱行业价格战的“内卷”。

依据重庆航运交易所“长江水路旅客运输实名制管理系统”统计数据：

长江游轮市场规模。① 2020 年全年，长江三峡游船共计发班 1837 艘次，为 2019 年的 31.1%。其中：豪华游轮发班 962 艘次，为 2019 年同期的 32.4%，完成客运量 15.3 万人，为 2019 年的 23.7%，豪华游轮平均负载率为 51.8%；经济型游船发班 875 艘次，为 2019 年的 29.7%，完成客运量 8.8 万人，为 2019 年的 18.8%，经济型游船平均负载率为 36.5%。②截至 2021 年 6 月底，2021 年上半年长江三峡游船共计发班 2083 艘次，为 2019 年同期的 81.30%。其中：豪华游轮发班 1166 艘次，为 2019 年同期的 102.10%，完成客运量 25.99 万人，为 2019 年同期的 100.71%，豪华游轮平均负载率为 72.13%，较 2019 年同期下降 5.93 个百分点；经济型游船发班 917 艘次，为 2019 年同期的 64.58%，完成客运量 15.07 万人，为 2019 年同期的 65.07%，经济型游船平均负载率为 46.08%，较 2019 年同期下降 11.45 个百分点（注：豪华邮轮指黄金系列游轮、世纪系列游轮、东江公司美维系列游轮、长江海外公司游轮、扬子江公司总统系列游轮、大美三峡公司华夏神女系列游轮、东方皇家公司游轮，其他公司拥有的船舶为经济型游船。）

长江游轮旅游产品创新。长江游轮企业苦练内功，创新经营，积极开辟新航线、新产品，加强文旅融合，提升游客体验，促进行业转型升级。各大船公司相继推出渝沪、渝汉航线的新产品，其中包括：重庆东江公司“凯珍号”游轮于 2021 年 4 月 12 日首次打造“龙图腾之长江三千集”为主题的渝沪线文旅产品，武汉扬子江公司“总统七号”游轮于 2021 年 6 月 9 日打造以“穿越半个中国，探究华夏文明，长江万里行”为航程寓意的渝沪线文旅产品，重庆冠达世纪公司于 2021 年 6 月 12 日推出以“江山如此多娇”为主题、迅游中国 7 省市、品味中国三大菜系美食、漫游中国九大历史名城和中国八大 5A 级景区的一价全包的渝沪线文旅产品，携程包船“美维凯珍号”游轮于 2021 年 6 月 28 日推出满足中老年、“大带小”和“大带老”等不同用户群体出行需求的多样化“游轮 +”产品。长江中下游航线呈现出新气象，重庆至上海单程 11~15 天的渝沪线市场价格均超过 10 000 元，重庆至武汉线航单程 8 天 7 晚的渝汉线市场价格也达到 5000 元以上，渝汉和渝沪航线每晚价格约为 700 ~1000 元及以上，远高于渝宜航线每晚的 400~500 元。长江游轮高端市场需要激发和发掘，长江中下游航线或将是长江游轮增长的支撑点。

长江游轮市场运力布局。长江游轮市场在 2020 年投入美维游轮旗下的高端豪华游轮“凯悦号”的交付使用，2021 年“星际阿波罗号”“星际雅典娜号”和“华夏神女 3 号”等新船投入运行，游轮公司在产业链上竞相加码，以抢占旅游内循环下长江游轮新一轮发展机遇。据不完全统计，截至 2020 年 12 月，长游轮复航游轮为 41 艘；截至 2021 年 6 月，长江游轮复航游轮为 47 艘，已复航游轮情况见表 4-2。

表 4-2　已复航长江游轮概览（截止至 2021 年 6 月）

游轮公司	游轮	数量（艘）
宜昌江腾	皇家盛世 / 星光	2
重庆渝鸿	星际水晶 / 领航 / 阿波罗 / 雅典娜	7
	长江观光 3/5 号	
宜昌新高潮	新高潮	1
巴东楚天	长江传说 / 维多利亚 3 号	2
重庆黄金	黄金 1/2/3/6/7/8 号	6
重庆东江	凯娅 / 凯莎 / 凯琳 / 凯蕾 / 凯蒂 / 凯娜 / 凯珍 / 凯悦	8
重庆大美	神女 1/2/3 号	3
武汉扬子江	总统 1/2/6/7/8 号	5
长江海外	长江壹号 / 贰号 / 维多利亚 5/7 号	4
宜昌隆基	长江浮泰 1/2 号 / 银河号	3
武汉皇家	长江探索号	1
世纪冠达	天子 / 宝石 / 传奇 / 神话 / 荣耀	5

数据来源：重庆邮轮中心，2021.

长江游轮市场客源结构。① 2020 年，长江三峡游船共计接待国内游客 24.0 万人，为 2019 年的 21.7%；接待境外游客 413 人，为 2019 年的 0.4%。从国内游客来源地情况看，前 10 位省份占 64.1%，其中，来自四川省的游客比重最大，接近 5.8 万人，占市场总量的 23.9%；来自贵州省游客约 1.4 万人，占市场总量的 5.9%；来自江苏省游客约 1.3 万人，占市场总量的 6.2%。② 2021 年上半年，长江三峡游船共计接待国内游客 41.00 万人，为 2019 年同期国内游客总量的 91.77%，为 2019 年同期游客总量的 83.72%；接待境外游客 638 人。从国内游客来源地情况看，前 10 位省份占 64.71%，其中，来自四川省的游客比重最大，约 5.24 万人，占市场总量的 12.76%；来自浙江省游客约 4.77 万人，占市场总量的 11.61%；来自江苏省游客，约 3.88 万人，占市场总量的 9.45%。

（三）邮轮港口运营

1. 邮轮港口全面停产抗疫

疫情发生后，各大邮轮港口积极响应中央及地方政府疫情防控要求，制定邮轮港口疫情防控应急预案，协助邮轮公司处理停航、退票、游客劝返等相关工作，并相继于2020年1月底停航。其中部分邮轮港口暂停运营后，在报批地方政府后在有关主管部门的协助下处理了部分邮轮因故靠泊业务。部分邮轮港口停产抗疫情况如下：

天津国际邮轮母港。2020年2月19日，天津港集团公司发布《天津港集团公司新冠肺炎疫情防控措施》，天津国际邮轮母港严格依据有关防控要起和规定，从人员防护管控措施、重点区域管控措施、管控统计报告措施、防控物资保障措施、疫情防控消毒措施、复产复工防控措施六个方面做出进行疫情防控工作。

上海吴淞口国际邮轮港。① 2020年1月22日至29日，上海吴淞口国际邮轮港共靠泊8艘国际邮轮，出入境旅客达30 595人。在联防联控机制下，累计劝退了500多名来自重点地区的旅客，进出吴淞口邮轮港发热病例全部排除新型冠状病毒感染的肺炎，上海吴淞口国际邮轮港实现了无输出、无输入病例，在港工作人员零感染。② 2020年1月29日吴淞口国际邮轮港在交通运输部的指导下暂停所有邮轮航班。暂停运营期间，多艘邮轮因故停靠吴淞口邮轮港，邮轮公司与宝山海关、边检、长航公安等单位协商，保证邮轮停靠期间船员正常的生活需求，并对船员做好防疫工作。③ 2020年5月29日，“海洋光谱号”邮轮靠泊吴淞口国际邮轮港，400名中国籍邮轮船员入境回国，在通过核酸检测及体温检测后进行定点隔离。

上海港国际客运中心。2020年1月24日，为全力做好新冠肺炎疫情防控工作，有效避免因人群聚集可能带来的传染风险，上港邮轮城景区相关设施关闭（游客中心、邮轮体验中心、魔都矩阵等）。在政府及民众的共同努力下，上海市疫情得到了很好的控制，上港邮轮城按照政府文件要求，做好各项防疫及复工准备措施。2020年3月7日，上港邮轮城复工，从员工管理、设施消毒、客流管控、开放区域方面加强举措，安全推动市场复苏。

厦门国际邮轮港。①邮轮停航。2020年1月25日，应《厦门市文化和旅游部办公厅关于全力做好新型冠状病毒感染的肺炎疫情防控工作暂停旅游企业经营活动的紧急通知》要求，丽星邮轮暂停“双子星号”2020年1月27日起出发的航次。②关闭鼓浪屿景区。为配合做好新型冠状病毒感染的肺炎疫情防控工作，切实保障市民、游客安全，2020年1月26日，轮渡公司暂停游客进岛航线，游客只出岛不进岛；2020年3月6日，福建厦门鼓浪屿游客航线正式复航。③鼓浪屿游客航线防疫。一是实行100%网上售票，避免现场人员聚集；二是乘客排队通过安检时相互间隔保持1.5米以上；三是上岛和单船总量双控制，每船乘客数量不超过核载量的50%，上岛总人数为原最大承载量的50%；四是对每位乘客测温，落实人脸识别查验票，行程中全程佩戴口罩；五是实行船舶、港站定时消杀，码头直接设置临时隔离间，及时安置体温异常人员；六是港口、公安、卫健、交通防控等部门联防联控，落实游客航线复航方案和应急预案；七是现场调配了自行开发的口罩视频系统，如果视频中有人员没戴口罩，该系统将报警。④直播“云游”鼓浪屿。借助学习强国、快手App、触电新闻等开展“疫情防控交通在行动”系列直播，用独特视角展示了厦门轮渡和鼓浪屿战疫情况。⑤产业合作项目“云签约”。国内首个高端邮轮免税综合体落户厦门，在邮轮母港片区合作共同开发邮轮免税综合体项目。⑥创新运营模式，厦门港大力推动邮轮试点访客登轮。星旅邮轮公司主动探索疫情常态化下邮轮运营模式的创新，筹划“鼓浪屿号”在厦靠泊期间不以盈利为目的、分阶段试点开展访客登轮活动，以消除人民群众对邮轮疫情防控的疑虑，重新培养旅客对邮轮消费的信心。2020年9月25日，星旅公司“鼓浪屿号”邮轮在厦门港成功实践国内港口首例访客登轮试点活动。

深圳蛇口太子湾邮轮港。①迅速开展疫情防控行动，启动应急响应机制根据省市应对防控新型冠状病毒感染肺炎疫情的统一部署要求，制定《新型冠状病毒防御工作方案》，从建立应急沟通机制、应急物资采购、员工防护、公共环境消毒、疑似患者移交报告等方面部署防御措施，让旅客安心出行。②应对春运返潮客流。一是在出发和到达通道处配备红外线智能体温检测系统和手持测温仪，对所有旅客及车辆出入口实现查验全覆盖；二是对国内线旅客实施入场站前、验票前、登船前三轮查验，港澳线旅客实施入场站前、验票前、海关查验、登船前四轮查验，发现异常旅客及时协同驻场医院、海关进行处理。

三亚凤凰岛国际邮轮港。2020年1月25日，应《海南省旅游和文化广电体育厅转文化和旅游部办公厅关于做好新型冠状病毒感染的肺炎疫情防控工作暂停旅游企业经营活动的紧急通知》的要求，三亚凤凰岛国际邮轮港即日暂停运营。

2. 疫情期间邮轮接待业务处置

天津国际邮轮母港。2020年1月24日，天津市新型冠状病毒感染的肺炎防控工作指挥部接到“赛琳娜号”的告急消息，疾驰国际邮轮母港，与滨海新区、市卫健委、市交委、市公安局、港航局、东疆保税港区管委会以及天津海关等主要负责同志一起坐镇一线，指挥调度。1月25日，天津国际邮轮母港在多方协同下，对歌诗达“赛琳娜号”5000余位邮轮旅客和船员进行采样调查，样本检验结果全部为阴性。

深圳蛇口太子湾邮轮母港。2020年1月26日凌晨，歌诗达“威尼斯号”邮轮执行完“深圳—越南”航线后靠泊深圳蛇口太子湾邮轮母港，邮轮搭载4973名游客和1249名船员，其中有414名湖北籍乘客，并有少量乘客出现了发热症状。从收集消息到邮轮靠港，只有不到24小时的时间，深圳市委市政府高度重视，按照广东省委批示要求，紧急部署落实，随即启动了“一级响应”，成立南山区委区政府、市卫健委、市文体旅游局、市交通运输局、海关、边检、邮轮公司等应急处置工作组，在邮轮港上设立指挥部紧急处置相关事宜，并派出市疾控中心和海关登轮检疫突击队登船检查。从制订应对方案，到锚地实施登轮检疫，再到顺利完成旅客验放，深圳海关协同深圳蛇口太子湾邮轮母港始终把人民群众生命安全和身体健康放在第一位，高效、高质量地应对了此次突发公共卫生事件。

3. 邮轮港全力协助邮轮船员安置

厦门国际邮轮港。2020年7月1日，停靠在厦门国际邮轮港的星旅远洋邮轮公司“鼓浪屿号”邮轮的92名中外籍船员分批离船前往环岛路观光游览，确保邮轮船员离船下地“无死角、全覆盖”闭环管理，是交通运输部联合六部委发布《关于精准做好国际航行船舶船员疫情防控工作的通知》后，国内首次试点实施邮轮船员下船活动。

深圳蛇口邮轮港。在市政府和行业主管部门指导下，蛇口邮轮母港联合联检单位高效、顺利地保障歌诗达邮轮“威尼斯号”邮轮船员下船和物资供应，在时间紧、人数多、船上医疗设施有限等条件下，按市疫情防控总体工作部署，发挥央企担当，精准地做好了国际航行船舶船员疫情防控工作，依法保障船员合法权益。2020年6月24日，310名来自歌诗达邮轮“威尼斯号”的中国船员于蛇口邮轮母港下船回国。

4. 港口苦练内功等待复航

上海吴淞口国际邮轮港。2020年世界人工智能大会云端峰会项目签约和发布活动上，上海市经济和信息化委员会发布了第三批人工智能应用场景需求，包括“AI+制造”“AI+交通枢纽”“AI+政务”“AI+金融”“AI+园区”“AI+文化旅游”六个大类，涉及11家企业场景，在“AI+交通枢纽”方面，吴淞口国际邮轮港以提升邮轮旅游品质、增强邮轮港口运营能力、延伸邮轮产业链、推进国际邮轮城建设为目标，将AI应用融入模式、服务、管理等创新中，打造无感通关、有感服务、动感体验、智能管控、智能决策，五位一体的智慧邮轮港。

上海港国际客运中心。2020年10月起，国客中心码头880米岸线功能及空间布局启动全面升级，打造具有航运文化内涵的活力水岸，逐步推进贯通提升，进一步还江于民。截至2021年6月，码头贯通工程完成，具备对外开放条件。

厦门国际邮轮港。一是厦门港口管理局科学研判当前形势，主动靠前作为、谋划布局，指导星旅邮轮公司策划访客登轮活动，开展邮轮安心行动，重新树立旅客对邮轮消费信心，为推动邮轮产业恢复发展做好准备；二是多次组织海关、边检、海事、卫健、旅游等相关单位召开专题研讨会，根据各单位意见不断研究完善疫情防控措施及应急预案，确保疫情防控措施落实到位，形成闭环管理。三是厦门港务控股集团、中国远洋海运集团有限公司、中国旅游集团有限公司启动邮轮产业合作项目“云签约”，厦门港务控股集团将参与投资、建设和运营，在邮轮母港片区合作共同开发邮轮免税综合体项目。

深圳蛇口太子湾邮轮港。招商蛇口与维京游轮宣布正式签署合资协议，双方将本着“互利互信、合作共赢、共同发展”的原则，通过组建合资公司，共同致力于打造以服务中国高知客群为特色的中型奢华邮轮旅游产品，成为全球领先的高端邮轮运营商。

广州南沙邮轮港。一是广州中交邮轮母港投资发展有限公司组织召开 22.5 万 GT 邮轮泊位疏浚及岸电工程交工验收会，经现场查验和资料审核，会议同意该工程通过交工验收，预示着全国规模最大的国际邮轮母港即将全面启用；二是集海洋文化元素与邮轮文化元素于一体的中国首个邮轮文化展示中心落户广州南沙，展示中心集中陈列了反映邮轮文化历程和邮轮主题图册、中国邮轮白皮书等行业研究报告、精美邮轮模型以及各类旅游、美食、摄影等图书，是市民日常休闲的栖息地、邮轮文化的传播地。三是召开以“疫后华南邮轮市场展望与布局”为主题的 2020 第三届广州邮轮发展圆桌会。四是广州市商务局发布《加快培育广州南沙进口贸易促进创新示范区工作实施方案》，提出推进对外国旅游团乘坐邮轮从南沙口岸入境实行 15 天免签政策、探索邮轮码头物资供应“快速通道”模式、邮轮补给物资一站式通关、依托邮轮母港争取开设口岸免税店和离境退税商店等。

三亚国际邮轮港。一是云顶邮轮集团将进驻三亚中央商务区。2020 年 9 月，云顶邮轮集团宣布集团正与三亚中央商务区管理局开展战略合作，携手国内知名旅游企业在三亚成立合资公司，将其船队的旗舰豪华邮轮引进三亚，推动以海南为中心的国内邮轮航线发展，共同为旅客打造更为舒适的旅游体验，全力支持海南自由贸易港建设，推动邮轮旅游试验区的落实和发展。二是三亚中央商务区邮轮产业扶持政策出台。2020 年 1 月 26 日，《三亚中央商务区关于加快邮轮产业发展的实施细则》（以下简称《邮轮细则》）正式印发，提出了多项创新务实举措鼓励邮轮产业链企业集聚、鼓励邮轮经济发展、支持邮轮基础设施建设及邮轮文化推广，推动邮轮旅游试验区发展。根据《邮轮细则》，在入驻奖励方面，在三亚首次提出对于新增入园的邮轮公司，根据持有邮轮数量、运营航次情况，给予最高 1500 万元的开办补助；在经营奖励方面，三亚首次提出根据每年实际对三亚地方财力贡献情况，给予一定经营奖励，其中贡献超过 2000 万元的部分，园区将返还 45%；同时，为对完善邮轮港基础设施以及开展邮轮主题宣传推广活动、赛事、会议会展等明确了详细奖补措施，均为海南首创。

（四）邮轮市场

1.“病毒邮轮”引发质疑：邮轮安全吗?

疫情发生初期，在全国乃至全世界高度关注疫情动态发展之际，公主邮轮旗下“钻石公主”邮轮在日本海域爆发大规模疫情，超过700人被感染，在各方渠道媒体的大肆宣传后，全球瞩目，市场影响极差，而我国消费者对邮轮的认知、对邮轮文化的了解不足，消费者一度谈邮轮色变，直接影响到邮轮出游的热情和信心。

2.疫情抑制邮轮旅游旺盛的需求

据有关专家预判，疫情不会改变中国乃至全球邮轮产业长期向好的趋势。“十四五”时期我国将进入新发展阶段，要畅通国民经济循环为主构建新发展格局，刺激消费将成为“十四五”期间的主旋律，我国旅游市场逐步表示出强劲的休闲、高品质旅游需求，而在疫情影响下国际旅游受阻，高端消费明显回流，具体表现在：一是长江游轮市场产品升级，船票价格持续攀升，高端奢华产品相继投放，市场反馈良好；二是南海西沙邮轮航线持续火爆，一票难求。目前，受我国疫情反复影响，国内已复航的邮轮市场一波三折，但中国邮轮市场压制的邮轮旅游需求或将在疫情结束后稳健恢复，甚至将出现井喷式恢复。

二、新契机

1.中资邮轮品牌迅速崛起

白星旅远洋邮轮公司组建邮轮船队开始，中船嘉年华邮轮、蓝梦邮轮、招商局维京游轮、三亚国际邮轮、世纪和谐邮轮等中资或中资控股邮轮品牌在2020—2021年期间进入中国市场，并组建船队。

我国诸多企业计划或规划进入邮轮运营板块，但我国现有邮轮建造市场仍处于探索阶段，欧洲邮轮建造的主要船厂尚无闲置船坞且处于满负荷运转状态，企业需要组建邮轮船队，最有效的途径是通过购置国外符合船龄要求的二手邮轮或收购国际邮轮品牌。在2020年新冠疫情发生之前，国外主流邮轮运营国家或地区暂无对邮轮船龄30年限制的法律规定或条例，10~30年船龄属于邮轮的黄金年龄，二手邮轮交易市场上对于30年船龄（尤其是25年船龄）以下的可交易、邮轮船况较好的邮轮很少。在新冠疫情的冲击下，国际邮轮市场陷入发展低谷，国际邮轮公司通过出售旗下老旧邮轮来优化船队运力，我国计划或规划进入邮轮运营板块的企业借此契机，购置国外二手邮轮组建本土邮轮船队，快速扩张了“中国队”邮轮船队，形成了我国邮轮市场发展的全新格局，中资邮轮品牌有望借此契机快速崛起。

2. 邮轮旅游"内循环"市场培育

2020 年全球新冠疫情的突然发生，对于中国邮轮产业发展既是挑战也是机遇。2020 年 5 月 14 日，中共中央政治局常委会会议提出"构建国内国际双循环相互促进的新发展格局"，在全球疫情严重阻碍世界经济"外循环"之际，发展邮轮旅游"内循环"将是我国邮轮市场复苏和快速扩大国内本土邮轮市场份额的重要契机。基于此，我国紧抓邮轮旅游发展窗口期，开发内河游轮、沿海游轮等国内航线，深度开发我国国内邮轮旅游资源，丰富国内旅游形式，培育邮轮旅游"内循环"市场，使得那批热爱出境旅游、热衷于国外高端邮轮旅游的高消费游客将消费需求转向国内的高端邮轮旅游，极大地促进了疫后邮轮经济的发展。

3. 国家自贸港战略背后的邮轮产业发展契机

作为中国最大的自由贸易试验区以及唯一的中国特色自由贸易港，海南将迎来邮轮产业发展的重大机遇。

第一，《海南自由贸易港建设总体方案》提出加快三亚向国际邮轮母港发展，支持建设邮轮旅游试验区，并配套了保税油加注、进口邮轮零关税、"中国洋浦港"船籍港、洋浦全球贸易商计划等系列促进邮轮产业发展的利好政策落地。

第二，《海南邮轮港口中资方便旗邮轮海上游航线试点管理办法（试行）》明确自 2021 年 8 月 1 日至 2024 年 12 月 31 日在海南邮轮港口开展中资方便旗邮轮海上游航线试点，在国际疫情尚未得到有效控制、出入境航线短期内难以恢复的空窗期，海南海上游航线将成为中资邮轮公司复航和抢占市场的可行性路径。截止至 2021 年 6 月，星旅远洋邮轮旗下"鼓浪屿号"邮轮率先获批试点经营许可证，目前处于积极报批和筹备海南海上游试点航线运营阶段。

第三，通过推进海南增值税、船舶吨税等间接税制改革，配合进口邮轮"零关税"政策，降低海南邮轮航线及企业运营成本，将有望打造我国独具特色的海南邮轮总部基地。

第四，有望出台更开放的船舶管理制度，延伸壮大邮轮注册登记产业链条，将可能突破进口邮轮船龄（10 年）和老旧邮轮船龄（30 年）、船员管理、邮轮法定检验等制约邮轮产业发展的政策，逐步将海南建设成为邮轮注册登记乃至船舶管理综合服务中心，提升邮轮产业的价值链水平。

第五，目前海南三亚是我国唯一开通了赴南海西沙的邮轮航线的邮轮城市，受多方因素制约，南海邮轮旅游受限。随着海南自贸港建设和我国邮轮旅游多样化市场需求，在满足我国政治和军事要求、南海生态环保要求的前提下，将有望进一步升级和开放南海邮轮旅游。

第五篇
政策透析：上层要素释放政策红利

这两年，受疫情影响，邮轮行业遭遇百年未有的困难，但中国政府对邮轮行业依然十分支持，国家“十四五”发展规划、粤港澳大湾区规划、海南自贸港规划、上海服务贸易方案，等等；交通运输部、文化和旅游部、工业和信息化部等部委的发展规划，上海、天津、广东、海南的港口发展规划、旅游发展规划、邮轮行动方案，等等，都对邮轮有明确描述，赋予邮轮重要的地位。编委会梳理了中央、部委、地方涉及邮轮的规划和政策、措施，这都是决策部门、决策者的心血和智慧，来之不易，我们就不一一解读了。如何贯彻落实，如何互相借鉴，如何危中见机，则完全有赖于第一线的领导者、实践者的悟性和担当了。

一、国家层面

表 5-1　2019—2021 年度国家层面邮轮产业相关政策法规一览表

发文单位	日期	政策法规名称
国务院	2019.8.18	《中共中央 国务院关于支持深圳建设中国特色社会主义先行示范区的意见》
	2019.8.23	《关于进一步激发文化和旅游消费潜力的意见》
	2020.6.1	《海南自由贸易港建设总体方案》
	2020.6.28	《关于在中国（海南）自由贸易试验区暂时调整实施有关行政法规规定的通知》
	2021.2.22	《国务院关于加快建立健全绿色低碳循环发展经济体系的指导意见》
	2021.2.24	《国家综合立体交通网规划纲要》
发展改革委	2021.3.12	《中华人民共和国国民经济和社会发展第十四个五年规划和 2035 年远景目标纲要》
发展改革委、交通运输部	2020.7.31	《关于加快天津北方国际航运枢纽建设的意见》

续表

发文单位	日期	政策法规名称
交通运输部、公安部、文化和旅游部、海关总署、移民局	2019.8.29	《交通运输部 公安部 文化和旅游部 海关总署 移民局关于推广实施邮轮船票管理制度的通知》
发展改革委、中央宣传部、教育部、工业和信息化部、公安部、民政部、财政部、人力资源社会保障部、自然资源部、生态环境部等	2020.2.28	《关于促进消费扩容提质 加快形成强大国内市场的实施意见》
交通运输部、教育部、财政部、人力资源和社会保障部、退役军人事务部、中华全国总工会	2021.5.7	《关于加强高素质船员队伍建设的指导意见》
人力资源社会保障部、交通运输部	2020.6.24	《关于深化船舶专业技术人员职称制度改革的指导意见》
交通运输部	2020.6.4	《内河航运发展纲要》
	2020.6.8	《关于做好交通运输促进消费扩容提质有关工作的通知》
	2020.6.19	《关于推进海事服务粤港澳大湾区发展的意见》
	2020.9.11	《关于深化改革推进船舶检验高质量发展的指导意见》
	2020.9.14	《关于在中国（海南）自由贸易试验区深化改革开放调整实施有关规章规定的公告》
	2021.5.27	《海事系统“十四五”发展规划》
商务部	2021.4.21	《上海市服务业扩大开放综合试点总体方案》
工业和信息化部	2020.8.10	《船舶总装建造智能化标准体系建设指南（2020 版）》
文化和旅游部	2021.6.2	《“十四五”文化和旅游发展规划》

资料来源：CCYIA 整理，2021.

二、地方层面

表 5-2　2019—2021 年度地方政府邮轮产业相关政策法规一览表

区域	地区	日期	政策法规名称
环渤海	天津	2021.2.7	《天津市国民经济和社会发展第十四个五年规划和二〇三五年远景目标纲要》
		2021.6.30	《天津市海洋经济发展“十四五”规划》
	大连	2021.2.3	《大连市丰富活跃文化和旅游市场实施方案》
		2021.3.25	《大连市国民经济和社会发展第十四个五年规划和二〇三五年远景目标纲要》

续表

区域	地区	日期	政策法规名称
环渤海	山东省	2021.3.24	山东海事局印发《服务世界一流海洋港口建设若干举措》
		2021.4.26	《山东省国民经济和社会发展第十四个五年规划和 2035 年远景目标纲要》
	青岛	2019.7.15	青岛市文化和旅游局、青岛市财政局、青岛市市北区人民政府修订《青岛市扶持邮轮旅游发展政策实施细则》
		2020.10.20	青岛海事局近日制定了服务青岛海洋旅游高质量发展的十项举措
		2020.10.27	《青岛市邮轮游艇帆船码头专项规划》
		2021.3.2	《青岛市国民经济和社会发展第十四个五年规划和 2035 年远景目标纲要》
长江三角洲	上海	2019.10.9	《中国邮轮旅游发展示范区总体方案》
		2019.10.9	《中国邮轮旅游发展示范区三年行动计划》
		2021.1.30	《上海市国民经济和社会发展第十四个五年规划和二〇三五年远景目标纲要》
		2021.3.3	宝山区发展改革委《宝山区国民经济和社会发展第十四个五年规划和二〇三五年远景目标纲要》
		2021.6.22	《上海市“十四五”时期深化世界著名旅游城市建设规划》
	温州	2021.2.26	《温州市国民经济和社会发展第十四个五年规划和二〇三五年远景目标纲要》
	宁波	2021.3.3	《宁波市国民经济和社会发展第十四个五年规划和二〇三五年远景目标纲要》
	连云港	2021.3.16	《连云港市国民经济和社会发展第十四个五年规划和二〇三五年远景目标纲要》
	舟山	2021.5.27	《舟山市国民经济和社会发展第十四个五年规划和二〇三五年远景目标纲要》
东南沿海	福建省	2021.3.19	《福建省国民经济和社会发展第十四个五年规划和二〇三五年远景目标纲要》
		2021.6.2	《关于促进旅游业高质量发展的意见》
	厦门	2021.3.23	《厦门市国民经济和社会发展第十四个五年规划和二〇三五年远景目标纲要》
		2021.519	《厦门港“十四五”发展规划》
	福州	2021.5.13	《福州市国民经济和社会发展第十四个五年规划和二〇三五年远景目标纲要》
	泉州	2021.5.20	《泉州市国民经济和社会发展第十四个五年规划和二〇三五年远景目标纲要》
珠江三角洲	广东省	2021.4.25	《广东省国民经济和社会发展第十四个五年规划和 2035 年远景目标纲要》
	广州	2021.3.4	广州市商务局印发《加快培育广州南沙进口贸易促进创新示范区工作实施方案》
		2021.5.19	《广州市国民经济和社会发展第十四个五年规划和 2035 年远景目标纲要》
		2021.5.21	广州黄埔区、开发区印发实施《广州市黄埔区 广州开发区 广州高新区进一步促进现代航运服务业发展办法实施细则》

续表

区域	地区	日期	政策法规名称
珠江三角洲	深圳	2020 年	《深圳市促进邮轮经济及粤港澳大湾区海上旅游发展三年行动方案（2020—2022 年）》
		2021.7.1	《深圳市南山区国民经济和社会发展第十四个五年规划和 2035 年远景目标纲要》
西南沿海	海南省	2021.3.31	《海南省国民经济和社会发展第十四个五年规划和二〇三五年远景目标纲要》
		2021.6.8	《海南省“十四五”综合交通运输规划》
	海口	2020.7.16	海口边检总站印发《关于贯彻国家重大战略推进海南自由贸易港建设的实施意见》
	三亚	2019.11.9	《三亚市鼓励邮轮旅游产业发展财政奖励实施办法》
		2021.1.26	《三亚中央商务区关于加快邮轮产业发展的实施细则》
	广西壮族自治区	2021.4.26	《广西壮族自治区国民经济和社会发展第十四个五年规划和 2035 年远景目标纲要》
沿长江区域	重庆	2021.3.1	《重庆市国民经济和社会发展第十四个五年规划和二〇三五年远景目标纲要》
	南京	2021.6.29	南京市文旅局发布《长江经济带南京段长江文化旅游融合发展概念规划》

资料来源：CCYIA 整理，2021.

第六篇
趋势洞察：未来发展路走向何方？

一、产业链不同环节的发展趋势

（一）产业发展展望

中国邮轮产业链逐步拓展。新冠疫情对中国邮轮产业发展来说，是一把双刃剑，中国政府逐步优化邮轮产业发展环境，中国企业不断突破邮轮设计建造、相继试水邮轮运营，邮轮港口布局规划日趋完善，中国邮轮产业链处于不断拓展、不断完善的阶段。

中国邮轮经济开始扎根本土。我国邮轮产业主要聚集在产业链下游的邮轮港口服务、船票销售等环节，核心环节如上游的制造、运营、配套等经济红利环节开始起步发展，并有望在后疫情时代实现我国邮轮经济发展的扎根突破。

邮轮政策环境逐步接轨国际。我国邮轮产业发展的政策环境不断优化，除了国家宏观层面对邮轮产业和邮轮经济发展的支持外，在邮轮建造、邮轮运营、自贸港建设方面的政策红利不断释放，助力我国邮轮产业发展接轨国际。

邮轮产业发展主基调是内循环。“十四五”期间，我国邮轮产业在双循环新发展格局下应把握时机、化危为机，立足国内内循环经济发展，补齐邮轮产业链短板，打通邮轮产业发展大循环的痛点和断点，全力拓展和开发我国内河游轮市场和沿海游轮市场，促进国际国内邮轮产业双循环。

我国邮轮产业受疫情影响较大，但这个影响是暂时的、阶段性的，全球邮轮业长期向好的发展趋势不会改变，我国邮轮业向好发展的步伐也不会停止。

（二）邮轮运营展望

升级传统航线，创新特色航线，接轨国际航线。在国际地缘政治形势向好的大环境下，立足我国邮轮市场发展的传统航线，如东南亚航线、东北亚航线、港台航线等，聚焦市场客群，对传统航线产品进行升级。“十四五”期间，“内循环”是旅游发展的主基调，基于我国丰富水系资源，深挖长江、运河等内河水系资源，整合国内沿海广袤的海岸线旅游资源，拓展内河游轮和沿海邮轮等特色航线产品；同时，发挥中资邮轮的政策优势，先试先行我国海上游航线，升级南海邮轮航线，将邮轮旅游发展为我国旅游内循环的亮点和特色。随着国内消费快速升级，拥有足够闲暇时间和可自由支配收入的人群特征越发明显，适当开发少量国际邮轮长航线，接轨国际邮轮市场发展，有利于丰富我国邮轮航线产品。

邮轮品牌不断新增。邮轮运营需要巨量资本支撑，现阶段我国邮轮运营企业以央企为主，但也有少部分资金雄厚的民营企业试水邮轮市场。随着我国邮轮运营管理经验的积累和邮轮市场的培育，将有越来越多的邮轮公司来分享邮轮市场的大蛋糕；此外，邮轮随着邮轮旅游市场发展的细分，针对不同市场客群将细分新增越来越多的品牌，旨在满足邮轮乘客多样化的产品需求。

船队规模不断扩大。随着我国邮轮市场的培育逐步成熟，我国潜在客源市场规模巨大；同时，随着我国邮轮建造技术的突破，我国自主设计建造邮轮成为可能，待中资邮轮公司队伍运营积累一定经验后，我国邮轮旅游有客源市场、有建造技术、有运营经验，亟待进一步投放更多的邮轮运力。

品牌差异化竞争。现阶段，我国投入运营的中资邮轮以 7 万吨级邮轮为主，且多为 20 年船龄以上的老旧运力，邮轮产品同质化严重，如各大邮轮品牌定位不精准，将很难发挥品牌优势，同时可能造成恶性竞争的发展态势。因此，邮轮公司品牌差异化竞争是邮轮公司可持续发展的有效竞争策略。

探索中国邮轮品牌发展特色之路。“十四五”期间，在国际邮轮尚未复航的空窗期，我国本土邮轮公司要协作发展，通力合作突破现阶段邮轮旅游发展政策瓶颈，实现我国本土邮轮的可持续发展；同时，本土邮轮通过快速学习积累国际邮轮发展经验，不断拓展邮轮市场，摸索具有中国特色的本土邮轮品牌发展之路。

（三）港口发展趋势

邮轮港功能性布局趋势。我国沿海邮轮港初步形成了较为成熟的母港（或始发港）港口体系，基于现有已投入运营或规划建设的邮轮港，面向国内邮轮旅游内循环发展需求，以沿海特色目的地作为依托，将会新布局一批特色港或特色海岛，配套发展沿海邮轮旅游。

邮轮港综合体建设趋势。发展邮轮港滨水区经济是我国邮轮港经济发展的重要趋势，打造功能多样化、服务多元化的邮轮港综合体：一是作为地方发展邮轮经济的重要风向标，二是盘活邮轮港滨水区开发的重要路径，三是带动腹地城市经济发展的重要助力。

二、“十四五”规划展望

“十四五”是我国全面步入小康社会，相关产业深度融合创新的重要时期，也是克服重大疫情不利影响，应对国际形势诸多挑战和不确定因素的关键时期。在此期间，我国邮轮旅游将面临“五高”新形势：

高收入。按照稳定经济发展趋势，我国将在“十四五”末期人均 GDP 达到 1.5 万美元，将超过世界银行划分的 1.2 万美元的高收入经济体门槛，迈入高收入经济体阶段，实现从小康向富裕的过渡，我国具备邮轮旅游经济条件的潜在客群更加庞大。

高需求。我国迈入高收入国家行列，意味着一个更加强大的国内市场，更大规模的中等收入群体，更加充分的休闲时间，将带来消费需求规模的快速扩大和消费结构的全面升级，即消费内容由温饱型向发展型、享受型转变，消费品质由中低端向中高端转变，消费形态由物质型向服务型、精神文化型转变。同时，疫情影响下消费者对文旅产业的服务便捷性、安全性和品质化的关注度将日益提升，人民群众对旅游需求渴望得到进一步释放，其中可实现文化旅游、滨海旅游、康养旅游、研学旅游、商务旅游、海岛旅游等多样化旅游形式的邮轮旅游将有望成为持续的消费热点。

高科技。“十三五”期间，推动数字文旅产业高质量发展逐步上升为国家战略；“十四五”期间，全球将迎来新一轮科技革命热潮，科技的快速发展将成为驱动旅游业创新、创业最活跃的因素，拉动中国文旅数字经济迅猛增长。此外，在疫情持续发酵的背景下，邮轮旅游借助数字化科技力量，在实现疫情防控常态化的同时，助力邮轮旅游产品形态升级和商业模式创新，给消费者带来沉浸式的体验感，为邮轮旅游高质量发展赋能。

高融合。文旅融合发展的关键是融为一体，合为一体。“十四五”期间，以沿海邮轮、长江游轮为代表的“内循环”邮轮旅游要创新邮轮旅游产品，突出优势竞争力和旅游吸引力，更广范围、更深层次、更高水平的文化和旅游融合发展是关键，也是趋势。

高质量。我国已经由高速增长阶段向高质量发展阶段过渡，推动高质量发展是“十四五”期间确定的发展思路。“十四五”时期邮轮旅游以高质量发展为主线，从高速发展模式向优质旅游发展过渡，通过创新转型实现质量和效益的提升。

附录一 2019—2020 年邮轮大事记

一、2019 年中国邮轮产业大事记

1 月

1 月 9 日，由交通运输部水运科学研究院和中国经济信息社联合编制的《2018 年中国邮轮港口评价蓝皮书》在京发布。

1 月 10 日，海口宣布将推动旅游消费提质升级，加快邮轮港口设施建设，开辟南海邮轮旅游航线。

1 月 10 日，招商局蛇口工业区控股股份有限公司与深圳免税集团签订战略合作协议，联手发展邮轮免税业务。

1 月 11 日，中国船级社（CCS）与外高桥造船公司就深化国产大型邮轮科研项目合作进行会谈。

1 月 16 日，烟台市宣布，建设芝罘湾国际邮轮母港，打造集“船港城游购娱”于一体的高端商旅综合体。

1 月 31 日，电讯检疫在三亚口岸正式落地，优化了对邮轮和邮轮旅客的检疫管理模式，提高了邮轮入境的通关速度。

2 月

2 月 20 日，交通运输部、财政部、国家发改委、国家能源局以及国家电网、南方电网公司联合发布《关于进一步共同推进船舶靠港使用岸电工作的通知》，明确 2021 年 1 月 1 日起邮轮应按要求靠港使用岸电。

2 月 18 日，中共中央、国务院印发《粤港澳大湾区发展规划纲要》。规划提出：推进大湾区旅游发展，构建文化历史、休闲度假、养生保健、邮轮游艇等多元旅游产品体系；有序推动香港、广州、深圳国际邮轮港建设，进一步增加国际班轮航线，探索研究简化邮轮、游艇及旅客出入境手续。逐步简化及放宽内地邮轮旅客的证件安排，研究探索内地邮轮旅客以过境方式赴港参与全部邮轮航程。

2 月 22 日，CCYIA 联合会长吴强拜访中国交建总裁宋海良，双方就进一步深化邮轮产业合作、邮轮产业园区建设、举办 2019 年中国邮轮产业发展大会暨国际邮轮博览会（CCS14）等话题进行交流。

3 月

3 月 7 日，广州南沙召开“创新大湾区者 · 邮轮新启航——粤港澳大湾区邮轮合作与发展研讨会”。

3 月 12 日，招商局工业集团建造的“极地探险邮轮 1 号”船下水仪式暨 3 号船开工仪式在江苏海门基地隆重举行。

3 月 14 日，美国驻华大使馆经济处经济官 Adh T. Stevens 拜访中国交通运输协会邮轮游艇分会（CCYIA）常务副会长兼秘书长郑炜航，双方就共同推进中美邮轮领域的合作达成共识。

3 月 26 日，中船集团大型邮轮项目 H1508 首个采购合同 POWER AND PROPULSION SYSTEM 在外高桥造船正式签订。

3 月 29 日，广州南沙国际邮轮母港运营管理有限公司正式成立。

3 月 30 日，上海市文化和旅游局、上海宝山区政府联袂各大国际邮轮品牌举行“十城联动，为你加‘邮’”邮轮文化中国行启动仪式。

4 月

4 月 8 日，招商局蛇口工业区控股股份有限公司与维京游轮举行邮轮业务合作谅解备忘录签约仪式。

4 月 9 日，中船集艾邮轮科技发展（上海）有限公司与 UEI 邮轮投资有限公司正式签署“塞班之星”邮轮全船翻修总包合同。

4 月 11 日，星梦邮轮“探索梦号”在上海吴淞口国际邮轮港举行首航典礼暨命名仪式。

4 月 19 日，上海海事局发布《“国际邮轮优先”工作职责及操作流程》。

4 月 23 日，由中国交通运输协会邮轮游艇分会（CCYIA）、上海海事大学亚洲邮轮学院和中国港口协会邮轮游艇码头分会 3 家机构联合编制的《2018 中国邮轮发展报告》（邮轮白皮书）由北京旅游教育出版社正式出版。

4 月 25 日，福建十部门印发《关于促进邮轮经济发展的实施方案》，提出将大力培育发展符合省情实际的邮轮特色产业链。

5 月

5 月 7 日，交通运输部发布《关于推进海南三亚等邮轮港口海上游航线试点的意见》。

5 月 14 日，歌诗达邮轮旗下 11.45 万吨大型豪华国际邮轮“赛琳娜号”从辽宁港口集团大连港国际邮轮中心成功始发。

5 月 18 日，歌诗达邮轮于上海吴淞口国际邮轮码头为旗下新船歌诗达“威尼斯号”邮轮举行盛大的首航仪式。

5 月 21 日，上海吴淞口国际邮轮码头后续工程通过了项目整体竣工验收。

6 月

6 月 3 日，皇家加勒比“海洋光谱号”邮轮，在上海吴淞口国际邮轮码头举行首航庆典暨命名仪式。

7 月

7 月 10 日，我国首艘自主建造的极地探险邮轮“招商极地邮轮 1 号”出海试航。

7 月 18 日，上海浦东新区发布公示将规划上海邮轮特色产业示范区。

7 月 23 日，上海吴淞口国际邮轮港二号航站楼（T2）正式开启试运行。

7 月 30 日，同程邮轮首次推出了人工智能管家服务，通过“人工智能+服务”的创新模式，为用户打造一个从预订到出游的优质便捷服务体验。

7 月 31 日，国务院总理李克强主持召开国务院常务会议，明确表示支持邮轮旅游新业态发展。

8 月

8 月 6 日，国家文化和旅游部正式批复上海创建中国首个邮轮旅游发展示范区。

8 月 8 日，国产首艘大型邮轮舱室样板舱在外高桥造船公司开工。

8 月 23 日，国务院办公厅印发《关于进一步激发文化和旅游消费潜力的意见》，提出支持邮轮旅游、非物质文化遗产主题游等业态发展。

8 月 28 日，云顶邮轮集团在京揭晓星梦邮轮旗下首艘 20 万吨环球级邮轮的名字为“环球梦号”，并发布邮轮业界权威指南《伯利兹邮轮年鉴》中文版。

8 月 30 日，中交协邮轮游艇协会（CCYIA）常务副会长兼秘书长郑炜航特别拜访了国家文化和旅游部资源管理司领导，汇报了中国邮轮旅游近年的发展状况和存在问题，书面提出了尽快恢复国际邮轮停靠韩国港口等多项建议。

8 月 30 日，交通运输部、公安部、文化和旅游部、海关总署、移民局联合印发《关于推广实施邮轮船票管理制度的通知》，要求各邮轮港口加快推进实施邮轮船票管理制度，天津、深圳、广州、厦门和三亚等邮轮港口争取于今年年底前率先实施。

9 月

9 月 6 日，招商局集团在江苏海门基地举行中国首制极地探险邮轮命名交付暨邮轮基地奠基仪式。

9 月 9 日，冠达世纪游轮新旗舰"世纪荣耀号"长江三峡游轮在上海北外滩正式首航。

9 月 19 日，由中国交通运输协会邮轮游艇分会（CCYIA）、上海海事大学亚洲邮轮学院和中国港口协会邮轮游艇码头分会 3 家机构联合编制的《2019 中国邮轮发展报告》媒体版在上海邮轮游艇旅游节开幕式上发布。

9 月 25 日，2019 第十四届中国邮轮产业发展大会暨国际邮轮博览会（CCS14）新闻发布会在广州南沙召开。

9 月 26 日，由中国旅游集团和中国远洋海运集团共同打造的民族邮轮品牌"星旅远洋"旗下首艘豪华邮轮"鼓浪屿号"在厦门举办邮轮命名暨首航仪式，正式亮相中国市场。

10 月

10 月 10 日，上海市正式对外发布《中国邮轮旅游发展示范区总体方案》《中国邮轮旅游发展示范区三年行动计划》。

10 月 11 日，由中国交通运输协会邮轮游艇分会（CCYIA）主办的第七届中国邮轮年度大奖评选活动正式开启。

10 月 10 日，天津国际邮轮母港进境免税店正式开业。

10 月 18 日，我国首艘国产大型邮轮在中国船舶工业集团有限公司所属上海外高桥造船有限公司正式进入实质性建造阶段。

11 月

11 月 8 日，中资方便旗邮轮"鼓浪屿号"开启以上海为母港的邮轮航线。

11 月 9 日，上海吴淞口国际邮轮港进境免税店揭牌。

11 月 13 日，交通运输部联合国家发展改革委、财政部、自然资源部、生态环境部、应急部、海关总署、市场监管总局和国家铁路集团联合印发了《关于建设世界一流港口的指导意见》，意见提出：①完善以邮轮母港为引领、邮轮始发港为主体、访问港为补充的邮轮港口布局，提升邮轮等客运码头综合服务功能，拓展邮轮产业链，改善旅客候船环境和陆岛客运码头条件，加强与城市公交和其他运输方式衔接，提升旅客体验和满意度。②完善客运码头设施，有序建设改造内河游轮码头。③完善船舶大气污染物排放控制区，协同推进、大力提升船舶靠港岸电使用率，加强岸电使用绩效考核。④大力推进港口无纸化作业，完善“一站式”“一网通”等信息服务系统，主要港口加快实现主要作业单证电子化和业务项目在线办理。⑤鼓励港航企业通过产权置换、共同开发、联合运营、航线合作等方式，促进港航互动联合、合作共赢。⑥推动港产城深度融合发展。⑦鼓励我国企业积极参与“一带一路”沿线港口投资、建设、运营，交流共享港口管理经验和发展模式，形成若干个世界一流全球码头建设和运营商、综合服务商。

11 月 13 日，由武汉交通职业学院牵头申报建设的国际邮轮乘务管理专业教学资源库被教育部立项为国家级职业教育专业教学资源库。

11 月 15 日至 17 日，第十四届中国邮轮产业发展大会暨国际邮轮博览会（CCS14）在广州圆满举办。大会以“海丝邮轮·从广州启航”为主题，举办了开幕式、行业政策论坛、总裁看中国论坛、邮轮修造论坛、邮轮教育国际论坛、邮轮创新与法律论坛、邮轮港口与城市论坛、邮轮食品安全论坛、政府与企业圆桌会、中国邮轮港口年会 10 场专业论坛，举行了中国三游（游轮、游船、水上游乐设施）标准编制发起单位战略合作签约仪式、《2019 中国邮轮发展报告》（邮轮白皮书）发布会、邮轮新书读者见面会、电视剧《海洋之城》推广会、邮轮颁奖典礼、夜游珠江等 10 多项丰富多彩的活动。国际邮轮博览会安排了 3 场邮轮国际采购洽谈会。大会期间，中国船级社规范与技术中心、中国交通运输协会邮轮游艇分会、中国优质农产品服务协会邮轮食品分会、上海海事大学亚洲邮轮学院举行了中国三游评级标准编制委员会战略合作签约仪式；广州南沙国际邮轮母港运营管理有限公司与歌诗达邮轮、云顶邮轮集团签署《关于深化邮轮产业合作的框架协议》；歌诗达邮轮船务（上海）有限公司与中国建设银行广州分行签署战略合作谅解备忘录。

12 月

12 月 3 日，深圳首家新型游客中心在深圳蛇口邮轮母港正式投入运营，可线上线下互动为游客提供服务。

12 月 5 日，东航旗下的东方航空食品投资有限公司与 MSC 地中海邮轮宣布将展开跨界合作，将东航食品自有品牌“东航那碗面”首度带上邮轮。

12 月 5 日，招商蛇口与 MSC 地中海邮轮签署了邮轮产业合作谅解备忘录，将以战略合作伙伴关系共同着力开拓中国邮轮产业。

12 月 16 日，歌诗达邮轮宣布旗下“威尼斯号”在深圳蛇口邮轮母港首航。

12 月 22 日，招商局集团招商工业海门基地 2 号大坞工程暨邮轮配套产业园举行开工仪式，将建设成为国内首个、世界领先的室内干船坞。

二、2020 年中国邮轮产业大事记

1 月

1 月 4 日，嘉年华集团旗下歌诗达“新浪漫号”于三亚凤凰岛国际邮轮港开启首航仪式。

1 月 25 日，歌诗达“赛琳娜号”邮轮停靠天津东疆邮轮母港，全员 4806 人，均进行检测、疏散、安置。

1 月 26 日，歌诗达“威尼斯号”邮轮回到深圳蛇口邮轮母港，船上有旅客 4973 名、船员 1249 名，排查出的 148 名有武汉旅游史、居住史和接触史的旅客被安排在南山进行集中隔离和医学观察。

1 月 22 日至 29 日，自新冠肺炎疫情确认发生以来，上海吴淞口国际邮轮港共靠泊 8 艘国际大型邮轮，出入境旅客达 30 595 人。相关部门经过科学治理及反复核酸检测确认，旅客全部排除新冠肺炎病毒感染。

2 月

2 月 9 日，“世界梦号”邮轮全体人员通过香港卫生署 5 天严格的体温及新肺病毒检测，当天下午全体游客获准安全离船。

2 月 20 日，中国交通运输协会邮轮游艇分会（CCYIA）与新华社中国经济信息社联合召开“新冠肺炎疫情与邮轮产业应对”线上研讨会。

3 月

3 月 1 日，《大连市推进东北亚国际航运中心建设条例》正式实施。

3 月 13 日，经国务院批准，国家发展改革委、中央宣传部、文化和旅游部等 23 部门联合发布《关于促进消费扩容提质加快形成强大国内市场的实施意见》，明确提出，加快中国邮轮旅游发展示范区和实验区建设。

3 月 22 日，中交协邮轮游艇分会（CCYIA）发起邮轮“安心行动”。

3 月 30 日，交通运输部印发通知，继续暂停跨境国际道路旅客运输，已暂停客货运输或旅客运输的口岸，继续暂停其相关业务。

4 月

4 月 7 日，云顶邮轮集团联合中交协邮轮游艇分会 CCYIA 披露《全新新冠疫情邮轮防控细则》，树立邮轮行业疫情应对新标准。

4 月 22 日，中交协邮轮游艇分会（CCYIA）和皇家加勒比国际游轮联合主办“邮轮卫生安全”在线论坛。

4 月 28 日，中交协邮轮游艇分会（CCYIA）第四届理事会召开在线换届会议，招商局集团成为新一届会长单位，宋德星先生成为 CCYIA 会长，CCYIA 迁入招商局集团提供的办公室。

5 月

5 月 12 日，中国驻休斯敦总领事馆收到中交协邮轮游艇分会（CCYIA）、北京鑫裕盛船舶管理公司邮件诉求后，总领事蔡伟向诺唯真邮轮上的中国籍船员致信慰问，表示中国政府始终关注和关心海外中国公民的安全与健康，要求诺唯真邮轮公司切实保护好中国籍船员的合法权益，保障大家的安全与健康。

5 月 18 日，厦门市与中远海运集团、中国旅游集团举行共同发展邮轮产业的全面项目合作协议“云”签约，计划在厦门国际邮轮母港片区打造国内首个高端邮轮免税综合体。

5 月 22 日，中交邮轮文化展示中心开放挂牌仪式暨世界顶级钢琴大师郎朗钢琴独奏音乐会启动仪式在广州南沙中交·国际邮轮广场举行。

6 月

6 月 1 日，中共中央、国务院印发了《海南自由贸易港建设总体方案》，计划将加快三亚向国际邮轮母港发展，建设邮轮旅游试验区。

6 月 15 日，中华人民共和国海事局发布《船舶船员新冠肺炎疫情防控操作指南（V3.0）》，进一步指导船舶和船员做好疫情防控工作。

6 月 28 日，国务院发布《关于在中国（海南）自由贸易试验区暂时调整实施有关行政法规规定的通知》，允许外籍邮轮运营多点挂靠航线业务。

6 月 28 日，交通运输部办公厅、广东省人民政府办公厅、广西壮族自治区人民政府办公厅、贵州省人民政府办公厅、云南省人民政府办公厅发布《关于珠江水运助力粤港澳大湾区建设的实施意见》（以下简称《意见》），《意见》针对助力粤港澳大湾区建设提出多方面要求，包括积极发展粤港澳大湾区邮轮产业，有序推动大湾区国际邮轮港协调发展，支持拓展粤港澳大湾区面向国际的邮轮航线，支持航运企业依法拓展东南亚等地区国际邮轮航线、丰富邮轮航线产品等。

6 月 30 日，中交协邮轮游艇分会（CCYIA）在线召开国际邮轮船员服务研讨会。

7 月

7 月 26 日，云顶邮轮集团旗下星梦邮轮“探索梦号”从台湾基隆港正式启航，开展“邮轮跳岛游”航线，该航线将到访澎湖、马祖及金门等特色景点。

7 月 26 日，中国船舶集团所属中船邮轮科技发展有限公司旗下中船外高桥邮轮供应链（上海）有限公司正式揭牌。

8 月

8 月 7 日，“长江黄金 2 号”从重庆朝天门出发，于 8 月 10 日驶入湖北宜昌秭归港，跨省三峡游的正式复航。

8 月 12 日，交通运输部印发《关于加强游轮疫情防控和运营安全工作的通知》。

8 月 20 日，交通运输部表示，将从推动邮轮游艇产业发展等七方面支持推进海南自贸港建设。

9 月

9 月 23 日，海南省交通运输厅向星旅远洋国际邮轮有限公司颁发首张邮轮港口海上游航线试点经营许可证。

9 月 24 日，交通运输部、海关总署、外交部联合发布了《关于加强国际航行船舶船员疫情防控的公告》。

10 月

10 月 21 日，文化和旅游部办公厅发布《关于进一步加强秋冬季疫情防控工作的通知》，明确暂不恢复旅行社及在线旅游企业出入境团队旅游及“机票 + 酒店”业务。

10 月 29 日，由广州市南沙区人民政府、广州市商务局、中国交通运输协会邮轮游艇分会（CCYIA）共同主办的第三届广州邮轮发展圆桌会在南沙举行。

11 月

11 月 13 日，深圳海事局率先签发全国首份内河船舶船员电子证书。

11 月 15 日，三亚国际邮轮发展有限公司与公主邮轮在菲律宾马尼拉完成了“海洋公主号”（Seaprincess）邮轮的交接。

11 月 19 日，中船嘉年华邮轮有限公司宣布成立全新的邮轮运营团队。

11 月 25 日，招商蛇口与维京游轮宣布正式签署合资协议，通过组建合资公司。旗下“招商伊敦号”为全球首艘悬挂五星红旗的游轮。

12 月

12 月 13 日，中船邮轮与三亚市政府签署协议，双方将围绕邮轮航线、邮轮维修保障等领域建立全面战略合作伙伴关系。

12 月 17 日，天津滨海邮轮母港船舶岸基专用站 35 千伏外部供电工程启动建设。

12 月 29 日，招商局邮轮自主研发的 52 000 总吨中型邮轮设计方案顺利通过英国劳氏船级社（LR）原则性认可，证书颁发仪式在招商工业海门基地举行。

附录二 关于邮轮海上游的法律意见

2021 年 6 月 5 日，中国交通运输协会邮轮游艇分会联合上海海事大学海商法研究中心，围绕邮轮海上游的议题开展法律研讨会，并形成以下较为一致的法律意见。

一、开放邮轮海上游的措施性质

邮轮海上游是指旅客登船从中国某一邮轮母港出发，到达中国领海以外的海域进行巡游，在不停泊和登陆任何挂靠港的情况下，返回同一始发港的航线。

邮轮旅游业是目前我国少数没有复工复产的行业之一。逾 16 个月的停摆已对我国的邮轮旅游业和整个产业链造成了巨大的损失，无论对于中资抑或外资邮轮企业均是如此，而且此种损失仍在不断持续扩大。但是，作为我国国际邮轮旅游主要岸上观光目的地的日本，目前疫情形势仍然非常严峻，中日邮轮航线的恢复尚无积极的前景。因此，现阶段开放邮轮海上游，应当作为出境游恢复开放前安全重启我国邮轮旅游业的临时措施，目的是为邮轮旅游业的全面复航积累经验，而不是长期而固定地改变我国邮轮旅游市场的准入规则。

由于现阶段开放邮轮海上游的定位是临时措施，因而不宜针对中资和外资有所区分，从而维持外资邮轮企业对于中国邮轮市场的良好预期和对中国外资政策的正确解读。基于国际邮轮市场数十年来形成的发展规律，中国邮轮市场今后的发展和完善，外资邮轮企业的参与和支持不可或缺。同时，由于开放邮轮海上游的临时措施性质，此项措施的推进和实施均有较为强烈的紧迫性。而且，目前我国的疫情防控情况整体而言颇为理想，开放邮轮海上游在疫情防控的技术层面具有切实的可行性。由于邮轮海上游计划控制客源为来自国内低风险地区的旅客，上船前要求完成疫苗接种、核酸检测和健康筛查，且初期限制载客率不超过 50%，加之船上具备新风系统、高频消毒技术、健康动态监控、密接追踪排查及隔离措施，同时实行港航联动闭环管理和应急预案等措施，疫情防控风险应当小于现已开放的岸上国内旅游。

结合我国人民对于美好生活的积极向往，包括邮轮旅游在内，旅游在整个国民经济的发展中应当属于优势产业，特别是符合绿色、环保的发展理念。从 2021 年五一假期旅游业爆发式甚至报复性的增长看，我国普通百姓对于旅游仍然有着较高的现实需求。现阶段尽快开放邮轮海上游，可以及时满足、契合此种现实需求。

二、开放邮轮海上游的法律依据

邮轮海上游作为船舶的运营活动，理应受到国务院交通运输主管部门的管理，但并不等于作为国内水路旅客运输进行管理，特别是不应受到我国《海商法》第 4 条、《国际海运条例》第 22 条、《国内水路运输管理条例》第 11 条规定的沿海运输权的限制，具体理由如下：

依据一:《海商法》第 107 条明确规定海上旅客运输是“将旅客及其行李从一港运送至另一港”，即依据法条的文义始发港和目的港应当不同，但邮轮海上游的始发港和目的港是同一国内港口，因而不符合海上旅客运输的基本定义。

依据二:《海商法》作为法律的效力高于作为行政法规的《国际海运条例》和《国内水路运输管理条例》，而《海商法》第 4 条针对沿海运输权的限制只是强调“中华人民共和国港口之间的海上运输”，并无《国内水路运输管理条例》第 2 条第 2 款“始发港、挂靠港和目的港均在中华人民共和国管辖的通航水域内”的表述。

依据三：不同于我国传统的邮轮旅游，邮轮海上游的航线不含挂靠港，旅客也不会下船进行岸上观光，因而不会实现旅客在船期间以外的位移，也即不同于通常意义上的海上运输，本质上不是一种运输活动。

依据四:《海商法》第 4 条规定的沿海运输权主要针对海上货物运输，立法当时我国尚无邮轮旅游运输的业务样态。因此，邮轮海上游不在《海商法》第 4 条的立法目的之内，从目的解释的角度可以排除该条的适用。

依据五：从邮轮产业发达国家的立法经验看，大多将邮轮海上游与沿海运输进行一定程度的区分。例如，美国《客船服务法》(Passenger Vessel Services Act) 明确将邮轮海上游排除在沿海运输的范围之外，而美国传统上历来是对沿海运输管制较为严格的国家。

依据六：如在上海试点邮轮海上游，旅客须持护照登船，而且航线将会涉及我国领海以外的海域，而不局限于我国的内水和领海。因此，邮轮海上游具有较为明显的出境活动性质。

基于上述理由，多数专家认为邮轮海上游不应作为国内水路旅客运输而受到我国法律规定的沿海运输权的限制。个别认为邮轮海上游属于国内水路旅客运输的专家，也从国民经济运行、邮轮产业发展等考量，主张国务院交通运输主管部门应当积极行使《海商法》第 4 条第 2 款授予的审批权，尽快针对外资邮轮企业开放邮轮海上游。

三、开放邮轮海上游的试点范围

开放邮轮海上游不应对于中资和外资邮轮企业区别对待，而应一并开放试点，具体理由如下：

理由一：邮轮海上游不应受到我国法律规定的沿海运输权的限制，因而对于中资和外资邮轮企业进行区分并无充分的法律依据支持。而且，面向外资邮轮企业一并开放邮轮海上游试点，符合推动形成全面开放新格局、促进我国邮轮市场经济健康发展的精神。

理由二：三亚计划开展的邮轮海上游的业务范围仅限于中资邮轮运输经营主体的中资方便旗邮轮，但航行海域基本限于我国内水和领海，且海南地区的水域情况较为复杂，涉及部分与周边国家的争议海域，如果针对外资邮轮企业开放邮轮海上游可能产生政治和法律风险。但是，上海地区周边水域关系清晰、稳定，具备面向外资邮轮企业一并开放海上游的客观条件。

理由三：开展邮轮海上游试点具有先行先试的性质，有望形成可推广和复制的经验。目前中资邮轮企业以及拥有船舶的数量均显较少，而且在国际邮轮运营方面的经验积累也有不足。如果没有足够数量的企业参与试点，将会导致政策试点的目标性、靶向性欠缺，无法达到试点的理想效果，继而难以形成成熟而可推广的经验。允许外资邮轮企业参与邮轮海上游试点，有助于实现这一目标。

四、意见小结

综合以上三个方面的因素，开放邮轮海上游在法律、技术等层面均无不可逾越的障碍。建议尽快在上海地区开展邮轮海上游试点工作，并且同时允许中资邮轮企业和外资邮轮企业参与试点。

（来源：中国交通运输协会邮轮游艇分会、上海海事大学海商法研究中心）

附录三

觉醒年代，那些青年乘坐这些邮轮探求真理

众所周知，中国共产党于 1921 年诞生在嘉兴南湖的一艘小小游船上。小小红船承载千钧，从此劈波斩浪，开天辟地。作始也简，将毕也钜。“一艘小小红船承载着人民的重托、民族的希望，越过急流险滩，穿过惊涛骇浪，成为领航中国行稳致远的巍巍巨轮。”

当然，在这颗辉映华夏大地的红星冉冉升起的前夜，那一抹晨曦中初露的曙光同样令人难忘。1919—1920 年，在赴法勤工俭学运动中，先后共有 20 批约 1800 多名勤工俭学的学生带着追求真理、振兴中华的梦想，搭乘着远洋邮轮，从黄浦江畔前往大洋彼岸，踏上了上下求索之路。他们走了一路，也找了一路，后来终于明白只有马克思主义才能拯救中国。他们有的为中国革命献出了年轻而宝贵生命；有的成为党的第一代中央领导集体的重要成员和第二代中央领导集体的核心；有的成为新中国科学技术、文化艺术等领域的杰出人才，他们的名字永远铭刻在每个中国人的心中。

他们从上海起航，途经香港、海防、西贡、新加坡、科伦坡、亚丁、红海、塞得港、地中海，最后到达法国的港口马赛，有一小部分船还要绕道英国伦敦，最后抵达法国巴黎，全部航程 30 ~ 60 天不等。大部分勤工俭学的学生购买的船票是四等舱位，与牲畜和货物同舱，生活条件非常恶劣，但再艰苦的环境也不能阻挡这些爱国青年前进的脚步。中国共产党的老一辈革命家蔡和森、赵世炎、周恩来、邓小平、陈毅、聂荣臻、向警予等均在此列。这些联通中欧的一艘艘邮轮，不仅将一批批追求真理、燃烧理想的青年送往革命理论的发源地，同时也将他们的所见所闻、所思所想以邮包、信件的形式捎带给国内的人们，在那个“觉醒年代”发挥了不可或缺的作用，是中国革命发展的加速器。虽然现在它们都已经湮没在时代的长河中，但同样值得我们好好纪念。

表 1　1919—1920 年间赴法勤工俭学生所乘邮轮一览表

批次	上海出发	船名	人数（人）	到达法国	天数（天）	知名人物
1	1919–3–17	因幡丸（Inaba Maru）	89	1919–5–10	53	林蔚、欧阳钦
2	1919–3–31	贺茂丸（Kamo Maru）	26	1919–5–20	50	
3	1919–4–14	伊豫丸（Iyo Maru）	2	1919–6–6	54	
4	1919–7–13	三岛丸（Mishima Maru）	58	1919–9–2	51	罗学瓒、王书堂
5	1919–8–14	湄南（Meinam）	75	1919–10–10	57	陈毅
6	1919–8–25	盎特莱蓬（Andre Lebon）	54	1919–10–1	37	任光
7	1919–9–29	波尔多斯（Porthos）	19	1919–11–12	45	徐特立
8	1919–10–16	渥隆（Wollowra）	48	1919–11–25	40	李立三、王若飞
9	1919–10–31	宝勒加（Paul Lecat）	207	1919–12–7	37	李维汉、李富春
10	1919–11–22	勒苏斯（Rhesus）	40	1920–1–23	62	黄齐生、盛成
11	1919–12–9	斯芬克斯（Sphinx）	158	1920–1–14	36	聂荣臻
12	1919–12–25	盎特莱蓬（Andre Lebon）	92	1920–1–28	34	蔡和森、向警予、蔡畅、陈延年、陈乔年
13	1920–2–15	波尔多斯（Porthos）	53	1920–3–25	39	许德珩
14	1920–4–1	宝勒加（Paul Lecat）	110	1920–5–7	36	王光祈
15	1920–5–9	阿尔芒博西（Armand Behic）	120	1920–6–15	37	赵世炎、萧三
16	1920–6–25	波尔多斯（Porthos）	220	1920–8–4	40	刘伯坚、陈公培
17	1920–9–11	盎特莱蓬（Ander Lebon）	93	1920–10–19	39	邓小平
18	1920–11–7	波尔多斯（Porthos）	200	1920–12–13	36	周恩来、傅钟、何以端、张若名、郭隆真
19	1920–11–24	高尔地埃（Cordillere）	22	1920–12–27	33	张申府、刘清扬
20	1920–12–15	智利（Le Chili）	144	1921–1–20	36	何长工、李大章、穆表

数据来源：留法勤工俭学纪念馆 .

前四批勤工俭学生都是乘坐日本邮船株式会社（NYK）所属的邮轮，按先后顺序分别为“因幡丸”“贺茂丸”“伊豫丸”“三岛丸”。实际上这些船的目的地是英国，学生们到了那边之后再转船前往法国巴黎。作为组织者之一，毛泽东亲自赶赴上海为第一批、第二批学生送行。

“因幡丸”由位于英国格拉斯哥的 D & W Henderson & Co. 建造，1897 年交付，船长约 135.6 米，宽约 15 米，型深 9.3 米，总吨 6185，航速 13 节。这艘船在 1923 年被日本邮船出售，在经历了三任东家之后，最终于 1934 年被拆解。1919 年，当时公派留学的徐悲鸿也是乘坐此船与第一批勤工俭学生一同前往法国的。

“贺茂丸”由三菱重工下属的长崎造船所（也就是后来两次尝试建造豪华邮轮的那家厂）建造，建成于 1908 年。船长 141.7 米，宽 17.3 米，型深 10.5 米，总吨 7955，航速 16.4 节。“贺茂丸”是日本邮船为了加强亚欧航线运力而在三菱重工订造的六艘邮轮中的首制船，她在后期改为在澳大利亚至中国及亚洲其他港口之间的航线上运行。1941 年太平洋战争爆发后，被日本海军征用，1943 年她被鱼雷击中但随即又被修复投入使用，1944 年 7 月再度被美国潜艇“Tinosa”号发射的鱼雷击中，最终沉没于中国东海，成为日本邮船在“二战”中损失的 185 艘商船之一。

“伊豫丸”于 1901 年 11 月 16 日交付，船长约 138.6 米，宽约 14.5 米，型深 11.3 米，总吨 6319。起初往返于日本、北美之间，1904 年日俄战争期间被日本陆军征用为运兵船。1911 年开始执航日本—欧洲航线。1930 年 10 月短暂被编入日本海军参加“昭和五年特别大演习”，1933 年 9 月被拆解。

运输第四批勤工俭学生的“三岛丸”，与“贺茂丸”是同型姐妹船，建于 1908 年，后于 1934 年在日本拆解。

由于乘坐日本邮轮须经英国中转，耗时较长，从第五批开始，勤工俭学生大都搭乘法国邮船公司（Compagnie des Messageries maritimes，现在已并入法国达飞轮船）的邮轮直接前往马赛。其中“宝勒加号”（Paul Lecat）、“盎特莱蓬号”（Andre Lebon）和“斯芬克斯号”（Sphinx）三艘船是姐妹船，前两艘由法国邮船公司自己拥有的位于马赛的 La Ciotat 船厂建造，最后一艘则改为在圣纳泽尔的卢瓦尔船厂（著名的邮轮建造厂大西洋船厂的前身）建造，且船身缩短了 10 米。这三艘船是当时法国邮船公司最大最豪华的邮轮，也是亚欧航线上唯一设有豪华套房的邮轮，达到了北大西洋邮轮的装修标准。

“宝勒加号”（Paul Lecat）于 1911 年 3 月 19 日下水，船长 161.3 米，宽 18.8 米，总吨 13 000。原本是为了欧洲—南美航线而建造，因此最初的名字定的是“布宜诺斯艾利斯号”，后来法国邮船公司改变了想法将其改为在远东—欧洲航线运营，并以时任公司总经理 Paul Lecat 的名字将其命名。除了在第一次世界大战期间被征用为运兵船，她在1912—1928年间一直执航远东—马赛航线。1928年12月21日，在坞修时不幸失火，最终因为损失过大无法修复而于1929年4月被送至热那亚拆解。1921年10月，蔡和森、陈毅、李立三等104名学生因为革命倾向和参加维权斗争，被中法反动当局强行用该船押送回国。此事件也标志着留法勤工俭学运动走向衰落。

“盎特莱蓬号”（Andre Lebon）于1913年10月27日下水，船长161.3米，宽18.8米，总吨13 200，航速17节。她在交付后被征用为运兵船，期间也被派往远东运送邮包，返程时又将海外领地的士兵接回法国本土。1916年9月她被改为医院船，直至第一次世界大战结束。1919年她恢复邮轮用途，在马赛—横滨航线上运营，并在1923年横滨大地震时拯救了1500多人上船，期间也转运了诸多犹太难民前往上海。她于1936年退役，但在1939年又被征用进行各类运输工作直至1941年在马赛港退役。但到了1943年5月，她又被德军掠走用作兵营，1944年3月被美军飞机炸沉在土伦港。1945年她被打捞出水，维修一新后继续经营远东航线，还是“二战”后第一艘重返横滨港的班轮。在服务了近40年后，她于1952年被出售后拆解。

“斯芬克斯号”（Sphinx）于1914年3月下水，船长151米，宽18.8米，总吨11 375，航速17节。她在1915年被法国海军接收作为一艘拥有940张床位的医院船，第一次世界大战结束后改为班轮，先是在地中海运营，随后被用于远东航线，经常往返于横滨与马赛之间。1939年她再度被改装成为容纳637张床位的医院船，1941底在马赛退役，后又被轴心国带至意大利的热那亚，改名为“Subiaco”，最后在1944年1月5日被美军炸沉。

“湄南号”于1907年在英国纽卡斯尔的Palmers船厂下水，是一艘客货兼装邮轮，船长129米，宽16米，总吨6149，航速12节。她于1907年7月首航，执航北欧—马赛—远东航线。在第一次世界大战中，她幸运地两次从德国潜艇的攻击中逃生，还多次完成了在法国与印度支那之间的运兵任务。1919年10月，她从符拉迪沃斯托克接受了被苏联遣返的1500名捷克和塞尔维亚战俘，并把他们运至马赛。1934年，她在热那亚被拆解。

“波尔多斯号”（Porthos）由位于法国波尔多的La Gironde船厂建造，1914年1月25日下水，船长161.7米，宽18.8米，总吨13 000，是专门为马赛—西贡—海防航线而打造的邮轮。她在远东航线上一直运营至1939年，其后被调往非洲。1942年11月8日，被美国海军潜艇“Massachussets号”用鱼雷击沉于卡萨布兰卡。

“阿尔芒博西号”（Armand Behic）也是由La Ciotat船厂建造，1891年4月26日下水，船长152米，宽15.3米，总吨6467，航速17.5节。该船最初是为了澳大利亚航线而打造，最先起名为“Tasmanien”，后来在法国邮船公司的创始人之一Armand Behic去世之后，为了纪念便用他的名字来命名了。她于1892—1903年期间一直执航澳洲—

法国航线，随后被调往远东。1893 年，法国著名画家保罗 · 高更（庞洛邮轮旗下的一艘现代邮轮便是以他的名字命名）搭乘坐该船从悉尼回到马赛。1912 年她被部署在地中海区域，后来在第一次世界大战期间被用作运兵船。自 1919 年起，她在远东和地中海交替运营，直到 1924 年 10 月在马赛被拆解。

“智利号”（Le Chili）同样由 La Ciotat 船厂建造，1894 年 10 月 14 日下水，船长 148 米，宽 14.6 米，总吨 6489，航速 16.9 节。起初在由波尔多始发前往南美的航线上运营，是当时这条线上速度最快的班轮。1903 年 4 月她在波尔多港搁浅倾覆，随后于 7 月被瑞典救援船 “Herakles 号” 救起后修复，内装也全部更换一新。1912 年她被调整至远东—地中海航线，并在第一次世界大战期间用作运兵船。“一战” 过后，她跑过远东、马达加斯加和中东等多个地区的航线。1926 年 4 月她被出售拆解。“智利号” 是最后一艘运输勤工俭学生的邮轮，何长工乘坐此船经过地中海时，正好看到了海底火山喷发的自然奇观，情不自禁地写道：“火焰映照着，汹涌起伏的波浪，就像一面红旗，飘扬在海里一样。”

“高尔地埃号”（Cordillere）是 “智利号” 的同型船，1895 年 10 月 12 日下水，船长 151 米，宽 14.5 米，总吨 6379。1912 年，她和 “智利号” 一同被调整部署至远东，“一战” 期间也未被调离。1922 年 8 月，她在长江里搁浅，损失严重但最终被修复。1925 年 10 月，她被出售拆解。

除了日、法的邮轮，还有两艘英资背景的邮轮，分别是第 8 批的 “渥隆号” 和第 10 批的 “勒苏斯号”。

“渥隆号”（Wollowra）最初的船名叫 “Silvio Spaventa”，是英国 Palmers 船厂为意大利船东建造的一艘客货兼装船，于 1891 年 9 月交付，船长 98.5 米，宽 12.3 米，总吨 2631，航速 12 节。1895 年她被出售给澳大利亚航运公司 Adelaide SS Co.，并改名为 “渥隆号”（Wollowra）。1915 年 10 月被售予一家香港公司，随后辗转易手数次。1923 年她被转售给西班牙船东，并更名为 “Iberia”。1928 年，在挪威拆解。该船是这 20 批次 14 艘船中最小的一艘。

“勒苏斯号”（Rhesus）由英国苏格兰格林诺克的克莱德造船厂（Scotts’ Shipbuilding & Engineering Co. Ltd）建造，1911 年 5 月 27 日下水，船长约 135.2 米，宽约 16.1 米，总吨 6719。船东是一家名为 China Mutual Steam Navigation Company 的英国航运企业（隶属于英国曾经最大的航运公司之一 Blue Funnel Line）。她执航日本经上海、香港、新加坡到利物浦的航线，“一战” 期间被英军用于运送士兵至地中海和中东，1916 年 1 月—1917 年 5 月期间还曾为葡萄牙政府服务，1917 年 6 月 14 日，她在爱尔兰附近的海面幸运地躲开了德国潜艇的鱼雷攻击。1950 年 8 月，她在格拉斯哥被拆解，结束了为期 40 年的航海生涯。

可以看到，勤工俭学生们乘坐的是清一色的外资邮轮，没有一艘是属于中国自己的航运公司的。其实，中国的航运企业也不是没有做出尝试和努力。早在 1873 年 8 月初，成立不久的招商局就以第一艘邮轮“伊敦号”正式开航神户、长崎，这是中国商轮首次开辟国外航线。后来，招商局又曾将业务一度拓展至越南、吕宋、暹罗、新加坡、槟榔屿、印度等地。

历史的偶然中往往带着必然。今天我们穿越百年，回顾这段历史，不难看出，对于苦难深重、饱受“三座大山”压迫的半殖民地半封建社会的旧中国，“工业救国”“实业救国”“无政府主义救国”等道路是行不通的，唯有通过反帝反封建的革命、进行彻底的社会改造方能救国救民。

百年筚路蓝缕、奔流激荡。曾经苦难深重，如今意气昂扬。在科学真理和崇高理想的指引下，中国大地发生了历史巨变。新时代的中国邮轮产业发展，在中国共产党的坚强领导下，在社会主义中国的坚实后盾下，有着更为广阔的发展空间，也突破了一个又一个发展瓶颈，现已步入邮轮制造和修改装、邮轮运营、邮轮配套供给、邮轮金融服务、邮轮港口服务等全产业链协同发展的道路。

随着时代的变迁，科技的发展，邮轮不再是传统的交通运输工具，而是一个以旅游休闲为目的的综合载体，是人民对美好生活需求的具体表现。为中国人民谋幸福，为中华民族谋复兴，是我们的初心使命。人民对美好生活的向往，就是我们的奋斗目标。习近平总书记指出，大力发展邮轮产业是一件利国利民的好事，我们不仅要发展邮轮运营，提供旅游服务，还要加快邮轮港建设，建造自己的邮轮。总结历史经验，实现邮轮中国制造，做大做强中国邮轮产业，是当代邮轮人义不容辞的责任，也是对留法勤工俭学革命先辈们的最好告慰与纪念。相信在不久的未来，我们就可以乘坐中国自主设计、自主建造的五星红旗邮轮，住着宽敞、明亮、舒适的阳台海景房，去重温留法先辈们走过的那片大海！

（招商局邮轮研究院：郭歆、黄戈）

鸣　谢

《2020—2021 中国邮轮发展报告》编写工作组启动编写工作至今完稿，受 COVID-19 疫情影响，编写工作遇到了诸多问题和困难，在行业内相关单位、专家学者和编写工作组的通力合作下顺利完稿。在此，对所有给予支持和帮助的单位、专家学者表示衷心感谢，对《2020—2021 中国邮轮发展报告》行业访谈受邀访谈单位致以诚挚谢意！

特别鸣谢：

1. 招商局邮轮研究院（上海）有限公司

2. 重庆航运交易所

图书在版编目（CIP）数据

2020—2021中国邮轮发展报告 / 中国交通运输协会邮轮游艇分会，上海海事大学亚洲邮轮学院，中国港口协会邮轮游艇码头分会编. -- 北京 : 旅游教育出版社，2021.11

ISBN 978-7-5637-4319-3

Ⅰ. ①2… Ⅱ. ①中… ②上… ③中… Ⅲ. ①旅游船－产业发展－研究报告－中国－2020-2021 Ⅳ. ①F426.474

中国版本图书馆CIP数据核字(2021)第219907号

2020—2021 中国邮轮发展报告

中国交通运输协会邮轮游艇分会
上海海事大学亚洲邮轮学院　编
中国港口协会邮轮游艇码头分会

责任编辑	刘彦会
出版单位	旅游教育出版社
地　　址	北京市朝阳区定福庄南里 1 号
邮　　编	100024
发行电话	（010）65778403　65728372　65767462（传真）
本社网址	www.tepcb.com
E - mail	tepfx@163.com
排版单位	北京旅教文化传播有限公司
印刷单位	天津雅泽印刷有限公司
经销单位	新华书店
开　　本	787 毫米 ×1092 毫米　1/16
印　　张	10.25
字　　数	165 千字
版　　次	2021 年 11 月第 1 版
印　　次	2021 年 11 月第 1 次印刷
定　　价	198.00 元

（图书如有装订差错请与发行部联系）